实用体能训练方法

李 铂 李帅星 主编 闫 琪 主审

化学工业出版社
·北京·

体能训练在竞技体育和大众健身领域的重要作用不断凸显，具体实施的体能训练方法也在不断推陈出新。《实用体能训练方法》综合多学科的理论知识，把竞技体育领域中体能训练的成功经验迁移到大众健身领域中，在倡导先进体能理念的同时，以图文并茂的形式展示了抗阻训练、肩关节防护性训练、膝关节防护性训练、速度训练、爆发力训练、灵敏协调能力训练、耐力训练和热身与牵拉的基本技术等训练方法，介绍了体能训练计划的设计流程，为改善运动参与者的身体形态、优化运动参与者的身体机能、提高身体素质提供了可借鉴的方法。

《实用体能训练方法》中在绝大部分的小节后都添加了学习实践、总结复习和推荐阅读的内容，以更加多样的形式向读者展现更为丰富的相关知识链接。

《实用体能训练方法》可以作为体育运动爱好者、体育教师、运动队教练等进行体能训练与检测时的参考。

图书在版编目（CIP）数据

实用体能训练方法/李铂，李帅星主编． —北京：化学工业出版社，2015.11（2024.8重印）

ISBN 978-7-122-25444-3

Ⅰ．①实… Ⅱ．①李…②李… Ⅲ．①体能-身体训练 Ⅳ．①G808.14

中国版本图书馆CIP数据核字（2015）第250194号

责任编辑：宋 薇　　　　　　　　　　　文字编辑：余纪军
责任校对：宋 玮　　　　　　　　　　　装帧设计：张 辉

出版发行：化学工业出版社（北京市东城区青年湖南街13号　邮政编码100011）
印　　装：大厂聚鑫印刷有限责任公司
787mm×1092mm　1/16　印张12　字数291千字　2024年8月北京第1版第12次印刷

购书咨询：010-64518888　　　　　　　　售后服务：010-64518899
网　　址：http://www.cip.com.cn
凡购买本书，如有缺损质量问题，本社销售中心负责调换。

定　　价：48.00元　　　　　　　　　　　　　　　　　　版权所有　违者必究

前言

我国体育事业的发展,凝聚了广大体育工作者的心血。无论是竞技体育的辉煌成绩还是群众体育的蓬勃开展,都离不开先进科学技术的支持和科学训练方法的指导。《实用体能训练方法》一书就是在这样的背景下应运而生的。

在竞技体育和大众健身领域,体能训练的重要性已经毋庸置疑,体能训练方法也呈现了种类繁多的局面。《实用体能训练方法》一书作者带领其训练团队总结近年来从事体能训练的工作经验,综合多学科的理论知识,把竞技体育领域体能训练的成功经验移植到大众健身领域,以图文并茂的形式在倡导先进体能理念的同时,介绍了抗阻训练、肩关节防护性训练、膝关节防护性训练、速度训练、爆发力训练、灵敏协调能力训练、耐力训练和热身与牵拉技术等训练方法,介绍了体能训练计划的设计流程,为改善运动参与者的身体形态、优化运动参与者的身体机能、提高身体素质提供了可借鉴的方法。

同时,《实用体能训练方法》在每一章、节的最后设计了学习实践、总结复习、推荐阅读等小组合作的项目,为学习者提供了更多的实践指导。

本书由北京市体育科学研究所副所长闫琪研究员担任编写组长,北京市体育科学研究所魏文哲、任满迎、师玉涛、黄岩等同志参与了编写工作,同时由北京体育职业学院李铂、李帅星等对全书进行了整理和修改后定稿。

由于水平有限,书中难免存在错误和缺点,热忱欢迎广大读者批评指正。

编　者
2015年11月

目录

- 第一章　现代科学体能训练基本理念·······001
  - 第一节　体能的本质·······001
  - 第二节　体能训练的目标与原则·······002

- 第二章　体能测试与评估·······005
  - 第一节　体能测试与评估概述·······005
  - 第二节　体能测试与评估的方法·······007

- 第三章　基础体能建设·······031
  - 第一节　热身的原则与基本技术·······031
  - 第二节　抗阻力量训练的原则与基本技术·······035
  - 第三节　肩关节防护性训练·······061
  - 第四节　膝关节的防护性训练·······077
  - 第五节　肌肉牵拉原则与基本技术·······094

- 第四章　体能训练方法·······106
  - 第一节　速度训练方法·······106
  - 第二节　爆发力训练方法·······129
  - 第三节　灵敏协调能力训练方法·······148
  - 第四节　提高耐力的训练方法·······162

- 第五章　体能训练计划设计·······173
  - 第一节　体能需求分析·······173
  - 第二节　体能训练计划制定·······175

- 参考文献·······187

第一章 现代科学体能训练基本理念

第一节 体能的本质

你知道吗？

体能训练

国内球员应该在哪些方面努力？

记得姚明接受国内媒体采访时，曾经有人问过他：你觉得国内球员最应该在哪方面下功夫？姚明说：体能训练。

非常朴实的一句话，道出了CBA和NBA之间的最大差距，也由此引发了我们对体能的好奇和关注。

什么是体能？	为什么要练体能？	如何提高体能水平？

体能是指人体各器官系统的机能在各种运动中所表现出来的能力。一般来说，体能包括两个层次：一个是基础体能，它包括维护生命基本活动、预防疾病、疲劳恢复以及日常生活工作所需的体能；另一个是竞技体能，主要是指在竞技比赛中创造优异运动成绩所需的体能。现代科学体能训练的核心内容就是通过科学合理的训练，在维护练习者健康的前提下，提高练习者的体能水平，并尽可能减少运动性伤病和延长运动寿命。

第二节 体能训练的目标与原则

一、体能训练的目标

1.提高比赛成绩

科学体能训练的目的就是通过更合理的运动负荷方式，使与运动相关的系统、器官、组织、细胞等的生理结构或机能发生适应性改变，从而直接或间接地提高比赛成绩。

2.提高训练效果

由于每个运动员运动生涯是有限的，同时又受到赛制的时间制约，现代科学体能训练要求针对运动员的现状和所从事项目的特点，制定具有针对性的、高效的训练计划并予以实施，从而达到以较小的付出获得更大训练效果的目的。

二、体能训练的原则

体能训练应遵循以下四个原则。

1.根据项目特点进行体能测量和评估

为了进行科学的体能训练，首先应根据项目特点进行运动员的体能测量和评估。如，在长跑项目中，耐力是决定比赛成绩的主要因素，而决定耐力的主要因素包括最大有氧供能能力、动作经济合理性、乳酸分解能力和耐乳酸能力。而在足球项目中，反复进行冲刺的能力是足球运动员重要的体能要素之一，而反复进行冲刺的能力主要决定于快速反应能力、爆发力、乳酸分解能力和耐乳酸能力。因此，只有对运动员的这些能力进行准确的测试，并科学地评价该运动员存在的优势与不足，才能进行针对性的训练。

2.制定加强基础体能建设训练计划

在对运动项目的体能需求以及运动员体能状况进行客观的评价后，就要制定合理的训练计划。训练计划虽然因每个运动员的个体状况而有很大的差异，但大多数情况下，首先要解决妨碍运动员长期发展的薄弱环节，即现代训练中强调的运动链薄弱环节的训练。对于专业运动员而言，总是面临对更高、更快、更远的记录的挑战，在这一挑战过程中，需要不断地进行体能极限进行冲击，而此时妨碍其发展的重要因素就是伤病，因此，预防伤病应作为教练员首先完成的重要课题。伤病往往是由于运动员的局部力量不足或者力量发展不平衡造成的,其中最容易受伤的部位是肩关节、肘关节、膝关节以及腰部等,对这些部位进行合理的训练,是防止伤病、保障训练顺利进行的前提。

3.进行高质量的提高主要体能要素的实用训练

竞技体能经常以速度、爆发力、灵敏性、快速反应能力、耐力等要素来体现,而且这些要素对于每个运动员都是重要的,只是依赖度会因竞技项目的不同而有所差异。在决定要提高运动员某一方面的能力后,就要制定针对这一能力的训练方法。运动器官生理结构的改善,需要有适宜的刺激和重复次数。这种适宜的刺激和重复次数,在训练学中通常以训练强度、训练量和训练频度来体现。其中训练刺激,即我们常说的训练质量要比训练数量更重要。这是因为,一切训练刺激均是为了打破目前运动员已形成的生理平衡,而打破生理平衡需要的训练刺激一定要在运动员可承受范围内超过一定的阈值。低于这个阈值,训练量再大平衡也不会打破,而超出运动员的承受范围则可能形成伤病和损伤。另外,训练频度应以恢复程度作为下一次训练开始的依据,因为,运动员只有在完全恢复的前提下,才能完成高质量的训练,而高质量的训练又是提高运动能力的前提条件。

4.设计合理的阶段性训练计划

大部分运动项目中竞技能力的表现都是多种运动要素的综合表现,如何根据训练的不同阶段、不同组织结构的恢复速度合理地制定阶段性训练计划,是最大限度地利用有限的时间培养优秀运动员的重要条件。因此,在制定复合型训练计划时,只有根据不同训练对能量物质、内分泌系统、肌肉组织、心肺机能、神经递质的消耗程度及所需恢复时间,才能制定合理的周期训练计划。

以上述四点为体能训练的核心内容,根据大量的科学论证和实践经验,对体能测量与评估、基础体能建设、主要体能要素的实用训练方法、体能训练周期计划的设计方法进行了详细描述,涵盖了当前科学体能训练的主流方法,适合于不同读者根据不同项目的实际需求合理选用。

小组学习

1.在小组学习中交流与体能训练相关的知识。

2.每个小组撰写一份调查报告。报告的内容包括:体能与体适能的关系;基础体能与竞技体能的关系;衡量基础体能和竞技体能的指标;基础体能与竞技体能的训练目标等。

本章主要介绍的内容见复习图1-1。

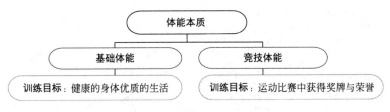

复习图1-1

阅读材料

运动训练是对人体极限能力的开发，要想创造优异运动成绩，必须将影响运动成绩发挥的各种机体适应能力进行综合性的训练，并将其调整到最佳状态。而人体各组织器官的能力决定于其生理结构，运动员若要获得良好的运动能力，就应塑造其相应的生理结构。也就是说，凡是为提高竞技体能各方面要素的训练，均是围绕形成适宜的生理结构而展开。而人体各组织器官之间既相对独立、又相互影响制约，因此体能训练也是一个系统工程。

在很多体能训练学著作中经常谈到以下训练原则，即循序渐进原则、针对性原则、重复性原则、个别性原则、主动性原则和全面性原则等。不可否认，这些原则都是正确的，而且遵循这些原则进行练习就会获得良好的训练效果。但要遵守这些原则，教练员首先要了解所从事项目对各项素质的要求和当前运动员所具备的各项素质水平，只有教练员了解了这些内容，才能制定提高和改善这些素质的针对性训练方法。

第二章　体能测试与评估

第一节　体能测试与评估概述

作为一名教师，为你的学员制定训练计划之前要做哪些工作？

如何让一个训练计划变得更加有效？

一、体能测试与评估的主要目的

1. 用于体能诊断，发现运动员体能薄弱环节

通过合理的体能测试，可以使教练员对运动员的训练水平产生一个全方位、客观和理性的认识，发现运动员的优势与薄弱环节，这样在制定针对性的体能训练计划时可以进一步巩固优势，同时努力提高薄弱环节，使运动员的整体体能状况得到均衡发展，对提高运动员竞技能力，预防运动损伤都有非常重要的意义。

2. 用于体能发展目标管理

测试的基础值可作为体能训练的初始点，为以后进行严格的训练目标管理进行原点设置，教练员能够根据测试情况为每个运动员设定可行的个体目标；设定合理的训练目标非常重要，目标设置可以为训练提供目的、方向、激发运动员内在动机、自信心以及责任感；定期的阶段体能测试可以跟踪运动员的进步情况，评定训练的效果，检验训练计划设定的有效性。

二、科学体能评估的两个基本要素

如图2-1所示，在进行体能测试时教练员必须要根据自己的运动科学知识和运动实践经验来判定测试项目的有效性和可靠性；同时在测试时还要考虑受试者的代谢特点、专项技术特点、运动经验、训练状态、年龄、性别以及环境因素等。

图2-1 体能评估的基本要素

1. 有效性

有效性是指一个测试结果在多大程度上反映了你想要测量的指标，这是测试最重要的特点。

2. 可靠性

可靠性是评估测试稳定性或良好性的指标。一个运动员在身体能力没有变化的情况下进行两次同样的测试，如果测试的可靠性好，那么两次的结果应该一致，如果测试可靠性不好，则会出现两次测试存在较大差异。一个测试如果想有效，它必须可靠。如果一个测试稳定性不好，那么测试的意义就不大。

三、体能测试的管理和顺序

1. 体能测试的管理

为了取得准确的测试结果，测试必须合理、安全地管理，有效地组织，安排好测试人员。要掌握运动员的健康情况使测试合理、安全；应该精心挑选、培训测试人员；严格组织，做到有效管理，让运动员充分准备，并了解测试的目的和意义，了解测试的目的和过程这样才有助于提高测试的可靠性。

2. 体能测试的顺序

要根据运动科学的知识来确定测试的顺序以及间歇时间，以保证测试的可靠性。例如，引起磷酸盐几乎耗竭的运动需要3～5min的时间完全恢复，引起乳酸最大堆积的运动需要至少1h的间歇才能完全恢复，而长时间的有氧测试一般要1天后才能进行重复测试。当进行多次测试或者采用测试组合模式时，一定要给运动员充足的恢复时间。

一般情况应按照如下顺序安排测试。

第一，无疲劳性测试（身高、体重、形态、柔韧、体成分、纵跳等）。

第二，灵敏性测试（T形跑、六边形跳、侧步跑等）。

第三，最大功率和最大力量测试（3RM高翻、1RM（最大力量）卧推、深蹲等）。

第四，冲刺跑（30m跑、60m跑等）。

第五，肌肉耐力测试（1min仰卧起坐、1min俯卧撑）。

第六，无氧耐力测试（400m跑、300m折返跑等）。

第七，有氧耐力测试（12min跑、YOYO测试等）。

技术实训

第二节　体能测试与评估的方法

一、柔韧性测试

柔韧性是指人体某个关节或关节组的活动幅度。几乎对所有项目来说机体肌肉和关节的柔韧性都是影响这些运动员运动能力的重要因素。良好的柔韧性可以增加关节活动幅度，进而提高运动水平；良好的柔韧性也可通过减少肌肉、骨骼系统的损伤来提高运动水平。因此测量运动员的柔韧性是体能测试与评估中的一项重要内容。

这里只介绍坐位体前屈和肩部柔韧性两种测试方法。

1. 坐位体前屈

本测定法测定股后肌群和腰背肌群的柔韧性，股后肌群柔韧性和弹性不够是造成运动员腰背受伤的主要原因之一，也会导致运动员速度和柔韧性缺陷、肌肉劳损。

【测试设备】

坐位体前屈专用测试木箱或者使用卷尺和一个30cm高的箱子。

【测试程序】

如图2-2所示。

第一，面对箱子光脚平坐，双脚底紧贴箱体。

图2-2　坐位体前屈

第二，双手放于箱子上，掌心向下，身体尽可能前倾，双膝伸直紧贴地面，缓慢向前拉伸。

第三，进行三次拉伸，每次维持2s，测量指尖到达位置超出双脚的长度，即为测试成绩。

第四，测试精确到0.01m。

2.肩部柔韧性测试

经常使用上肢发力的运动员（比如投掷、游泳、手球、棒球、垒球、篮球等）肩部柔韧性是体能测试的一个重要指标，因为这些运动员通过反复训练，肌群会变得很健壮，但同时也会变得很紧张，通常肩部关节活动度不足，尤其是肩部肌群的内旋。当这些运动员在进行专项技术动作时任何肩部关节活动度不足都会导致肩部球窝关节转动异常，或者会导致肩部组织负荷过重，二种情况都会引起运动员肩关节损伤。为了评估自身的缺陷，运动员应该定期进行健康检查，测量肩部的活动范围。

【测试设备】

医用量角器、平坦的治疗床或者台面。

【测试程序】

如图2-3所示。

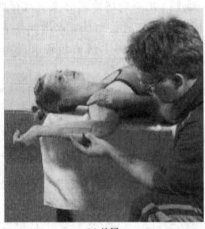 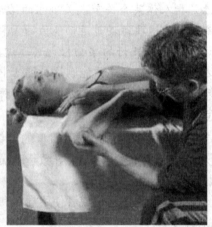

(a) 外展　　　　　　　　　　　　(b) 内旋

图2-3　肩部柔韧性测试

第一，平躺于治疗台上，向上抬右侧手臂90°，并弯曲肘关节呈90°。如果站立位测试，则指尖指向天花板。

第二，上臂保持不动，用力向后旋转即外旋肩部［见图2-3（a）］。保持该姿势，由检查人员使用角度计测量外展的角度。

第三，用力向前旋转即内旋肩部［见图2-3（b）］。保持该姿势，由检查人员使用角度计测量内旋的角度。

第四，在测量过程中，检查人员应该轻轻扶住肩前部，稳定住肩胛骨，尽量减少肩部移动。但是，错误的测量结果仍需进行记录。

第五，计算完全关节活动度（内旋的角度加上外旋的角度）。

第六，换另一侧肩，重复测试。

二、最大肌肉力量测试

基本力量素质是所有运动项目都需要的,评估运动员的基础力量水平是体能测试中的一项重要内容。最大力量测试是在较低速度下进行,可以反映出运动员在竞技体育中身体的基本力量能力。一般情况下,在进行1RM测试前要进行充分的准备活动,以较轻的负荷来完成测试动作。

1. 深蹲

深蹲是一个重要的多关节训练,是几乎所有运动项目的运动员都需要进行测试的基本力量指标。深蹲主要用力是依靠下肢肌群,但同时要求身体核心区域肌肉的稳定和支撑,属于结构性力量,反映了运动员最基础的下肢力量大小。

【测试设备】

标准杠铃1套(最小配重为2.5kg)、稳定的深蹲架1套、安全的测试环境。

【测试程序】

如图2-4所示。

第一,运动员首先进行中等负荷的5~10次深蹲准备活动。

第二,在正式进行测试前还要进行2组较大负荷的深蹲准备活动。

第三,运动员选择一个合适的重量正式开始测试,运动员将杠铃平稳地放于上背部(斜方肌),双手握住杠铃杆,调整握距,两手距杠铃中心等长;两腿分开,略宽于臀,两脚向前或稍向外打开,做动作过程中始终保持双脚的稳定支撑。

第四,头稍稍上抬,后背挺直,弯曲双腿往下蹲,膝盖不能超过脚尖,直到大腿与地面平行,杠铃两端需要有经验的测试人员进行保护。

(a)　　　　　　(b)

图2-4　深蹲测试

第五,运动员按照标准技术能够举起杠铃,休息3~5min后增加配重进行下一次试举,每次增加的最小重量为2.5kg,直到运动员无法举起杠铃为止;记录运动员最后成功举起的重量为测试结果。

注意:通常要求在运动员充分准备活动后5次试举之内测试出最大的深蹲力量;否则试举引起的疲劳会影响测试结果的准确性。

2. 平板卧推

卧推是一个重要的多关节训练,是几乎所有运动项目的运动员都需要进行测试的基本力量指标。卧推主要用力是依靠上肢肌群,但同时要求身体核心区域肌肉的稳定和支撑,反映了运动员最基础的上肢力量大小。

【测试设备】

标准杠铃1套（最小配重为2.5kg）、稳定的卧推架1套、安全的测试环境。

【测试程序】

第一，运动员首先进行中等负荷的5～10次卧推准备活动。

第二，在正式进行测试前还要进行2组较大负荷的卧推准备活动。

第三，运动员选择一个合适的重量正式开始测试，运动员平稳地躺在卧推架的长椅上，后脑、肩背部、腰臀部、右脚、左脚五点要稳定地支撑在长椅和地面上，身体在长椅上的位置调整到眼睛正好在杠铃杆正下方，双手正握，闭合式抓杠，握距略宽于肩。

第四，运动员将杠铃平稳地从卧推架上取起，肘关节伸直，然后肘部慢慢弯曲，向下移动杠铃，直到杠铃微微触到胸部为止。

第五，向上用力推起杠铃，直到肘关节完全伸直，推起时始终保持身体与长椅和地面稳定的"五点支撑"。

第六，运动员按照标准技术能够举起杠铃，休息3～5min后增加配重进行下一次试举，每次增加的最小重量为2.5kg，直到运动员无法举起杠铃为止；记录运动员最后成功举起的重量为测试结果。

注意：整个测试过程需要有经验的测试人员进行保护；

通常要求在运动员充分准备活动后5次试举之内测试出最大的卧推力量；否则试举引起的疲劳会影响测试结果的准确性。

三、爆发力测试

爆发力是人体神经肌肉系统通过肌肉快速的收缩来克服阻力的能力。P（爆发力）$=F$（力量）$\times v$（速度），爆发力与力量和速度均成正向相关。爆发力在绝大多数竞技体育中都是比赛的决定性因素，也是体能测试中重点要评估的一个重要内容。

1.垂直纵跳

垂直上跳测试主要测试下肢爆发力，包括力量和速度，对很多运动项目都是非常有效的测试。不借助任何特殊器材，就可以完成垂直上跳测试。

【测试设备】

粉笔、卷尺、墙面或者专用纵跳测试器。

【测试程序】

如图2-5所示。

第一，运动员面墙站立，双手扶墙，双脚平放在地面上。同伴用粉笔在墙上标记出指尖的位置，该点为运动员的起始高度。

第二，用粉笔涂抹右手指尖，侧立与墙壁。

第三，原地膝关节弯曲尽力向垂直方向纵跳，到达最

图2-5　垂直上跳测试

高点用手触碰墙壁，留下粉笔标记。

第四，至少进行2次测试，测量出最高标记的高度，即为跳跃高度。

注意：计算运动员的垂直上跳高度是用其跳跃高度减去起始高度；成绩精确到0.01m。

---

2. 立定跳远

立定跳远是测定下肢的爆发力最简便和易于操作的测试方法。

【测试设备】

卷尺、平坦的场地。

【测试程序】

第一，将卷尺拉开4m左右，两端用胶布固定牢固，在卷尺的起始端用胶布划出一条标志线。

第二，运动员站于标志线后，手臂和身体可以进行预摆，用力向前跳，落地后尽量保持身体稳定。

第三，测量标志线到后脚跟着地处之间的距离；成绩精确到0.01m。

3. 上步垂直纵跳

本测定方法测定腿部力量以及将水平动量转化为垂直力量的能力。

【测试设备】

粉笔、卷尺、墙面或者专用纵跳测试器。

【测试程序】

第一，运动员面墙站立，双手扶墙，双脚平放在地面上，同伴用粉笔在墙上标记出指尖的位置，该点为运动员的起始高度。

第二，用粉笔涂抹右手指尖，侧立与墙壁。

第三，向后跨出距起跳点一步的距离，测试时向前迅速跨上一步，尽力向垂直方向纵跳，到达最高点用手触碰墙壁，留下粉笔标记。

第四，至少进行2次测试，测量出最高标记的高度，即为跳跃高度。

注意：运动员的垂直上跳高度是用其跳跃高度减去起始高度；成绩精确到0.01m。

---

4. 三步蛙跳

本测定方法测定运动员的下肢连续跳跃力量和协调性。

【测试设备】

卷尺、平坦的场地。

【测试程序】

如图2-6所示。

第一，将卷尺拉开10m左右，两端用胶布固定牢固，在卷尺的起始端用胶布划出一条标志线。

第二，运动员站于标志线后，手臂和身体可以进行预摆，用力向前跳，落地后立刻再次向前跳跃，共跳跃3次，跳跃时尽量保持动作的连贯性和身体的稳定。

第三，测量标志线到后脚跟着地处之间的距离；成绩精确到0.01m。

图2-6　三步蛙跳测试

5.杠铃高翻

杠铃高翻是运动员爆发力测试的经典方法，测试动作动用全身95%以上的骨骼肌，需要下肢、核心区域、上肢的协调用力才能顺利完成动作。但是由于本测试技术要求非常高，必须在有专业体能教练指导下才能进行测试，而测试者也需要有一定的训练基础，并且能熟练掌握杠铃高翻的技术动作。此测试不推荐测试青少年运动员和初级运动员。

【测试设备】

标准杠铃1套（最小配重为2.5kg）、安全的测试环境。

【测试程序】

第一，运动员首先进行中等负荷的5～10次高翻准备活动。

第二，在正式进行测试前还要进行2组较大负荷的高翻准备活动，然后选择一个合适的重量正式开始测试。

第三，运动员双腿开立，重心平分在两脚上，两脚间距介于髋宽与肩宽之间，身体下蹲，双手闭合式正握杠铃，握距略宽于肩，双臂置于两膝关节外侧，肘关节伸直；双脚平稳站立，杠铃杆位于脚的上方，距离胫骨3cm左右。如图2-7（a）所示。

第四，快速蹬伸髋部、膝部和脚踝，将杠铃提离地面，同时爆发性耸肩，将杠铃向上拉起，躯干保持直立或者微微后仰，身体完全伸展。如图2-7（b）所示。

第五，利用爆发式提拉杠铃向上的惯性，身体下沉，膝关节稍稍弯曲，当上肢转至杠铃下方时，立即抬肘，使上臂与地面平行，将杠铃平稳地横架于锁骨与三角肌前部上面。如图2-7（c）所示。

(a)　　　　　　　　(b)　　　　　　　　(c)

图2-7　杠铃高翻测试

注意：在向上提拉过程中，要爆发式用力，借助惯性有助于向上拉动杠铃，这个过程中注意使杠铃始终贴近身体。

6. 前抛实心球

前抛实心球测试主要用于评估运动员的全身协调爆发式用力的能力。

【测试设备】

3kg实心球、卷尺、宽阔平坦的场地。

【测试程序】

第一，将卷尺拉开20m左右，两端用胶布固定牢固，在卷尺的起始端用胶布划出一条标志线。

第二，运动员站在测试线后面对投掷方向，双脚开立，距离同肩宽至一肩半宽，双手持实心球自然下垂。

第三，测试时，受试者迅速将实心球上摆过头顶，充分伸腰展腹，使身体成"反弓"姿势，然后迅速收腹同时利用上肢的协调爆发式用力将实心球沿着与地平面30°～40°的角度向前抛出。

注意：双脚不可越过标志线，否则测试无效；进行2次测试，测量球落点与标志线的垂直距离，取最好成绩，精确到0.1m。

7. 跪姿前推实心球

跪姿前推实心球测试主要用于评估运动员的身体协调爆发式用力的能力。

图2-8 跪姿前推实心球测试

【测试设备】
3kg实心球、卷尺、宽阔平坦的场地。

【测试程序】
第一,将卷尺拉开20m左右,两端用胶布固定牢固,在卷尺的起始端用胶布划出一条标志线。

第二,运动员跪在标志线的泡沫垫上,面对投掷方向,后背挺直,胸部面对抛球路线,两腿平行且脚背朝下。如图2-8所示。

第三,双手握住一个3kg的实心球,然后举过头顶两臂伸展。

第四,将臀部向脚跟的方向后移,充分伸腰展腹,使身体成"反弓"姿势,然后迅速收腹同时利用上肢的协调爆发式用力将实心球从胸前沿着与地平面30°～40°的角度向前推出。

注意:双膝不可越过标志线,手也不可推出实心球后着地,否则测试无效;进行2次测试,测量球落点与标志线的垂直距离,最好成绩,精确到0.1m。

8.侧抛实心球

侧抛实心球测试主要用于评估运动员的身体侧向协调爆发式用力的能力;另外左右侧测试结果的差异可用于评估运动员优势侧与劣势侧的力量差异,两者差异不可高于10%,否则运动损伤的概率会大大增加。

【测试设备】
3kg实心球、卷尺、宽阔平坦的场地。

【测试程序】
第一,将卷尺拉开20m左右,两端用胶布固定牢固,在卷尺的起始端用胶布划出一条标志线。

第二,运动员站在测试线后面对投掷方向,双脚开立,距离同肩宽至一肩半宽,双手持实心球于胸前。如图2-9所示。

第三,测试时,运动员双手持实心球,下蹲转体把腰部扭紧,然后迅速蹬地、转体双臂顺势用力将实心球抛出。

第四,双脚不可越过标志线,否则测试无效。

第五,左右侧各测试2次,测量球落点与标志线的垂直距离,取最好成绩,精确到0.1m。

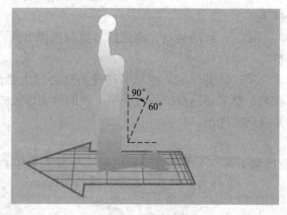

图2-9 侧抛实心球测试

9. 后抛实心球

后抛实心球测试主要用于评估运动员的身体协调爆发式用力的能力。

【测试设备】

3kg实心球、卷尺、宽阔平坦的场地。

【测试程序】

第一,将卷尺拉开20m左右,两端用胶布固定牢固,在卷尺的起始端用胶布划出一条标志线。

第二,运动员站在测试线后背对投掷方向,双脚开立,距离同肩宽至一肩半宽,双手持实心球于身体前方。

第三,测试时,运动员双臂伸直持球体前屈呈深蹲姿势,下摆实心球至小腿间并接近地面,迅速蹬腿、挺身、挥臂向身体后上方利用协调爆发式用力沿着与地平面30°～40°的角度向后抛出实心球。

第四,身体环节用力顺序自下而上,避免只用背肌或上肢发力。

第五,双脚不可越过标志线,否则测试无效。

第六,进行2次测试,测量球落点与标志线的垂直距离,取最好成绩,精确到0.1m。

四、速度能力测试

速度能力是指人体获得高速度的能力,是在特定动作中应用爆发力的标志,它是人体的基本运动素质。包括人体快速完成动作的能力和对外界刺激快速反应的能力,以及快速位移的能力。

1. 20m(30m)冲刺跑

主要测试运动员的启动速度能力,根据项目不同可能在选择距离会略有不同,比如篮球、手球等项目可能会选择20m测试,橄榄球、足球、棒球等项目可能会选择30m测试。如图2-10所示。

图2-10 速度能力测试

【测试设备】

电子计时系统(或者秒表)、平坦开阔的测试场地。

【测试程序】

第一,在球场或运动场地上标记起跑线,相距20m处标记终点线,计时器放于终点处。

第二,采用站立式或半蹲踞式(单手触地)起跑,由起点全力跑至终点。

注意:计时器从运动员起跑瞬间开始计时,身体越过终点线时停止;间歇1min以上再次进行测试;测试2次,取最好成绩。

2. 40m(60m)冲刺跑

主要测试运动员的奔跑速度能力。

【测试设备】

电子计时系统(或者秒表)、平坦开阔的场地。

【测试程序】

第一，在球场或运动场地上标记起跑线，相距40m处标记终点线，计时器放于终点处。

第二，采用站立式或半蹲踞式（单手触地）起跑，由起点全力跑至终点。

注意：计时器从运动员起跑瞬间开始计时，身体越过终点线时停止；间歇2min以上再次进行测试；进行2次测试，取最好成绩。

3. 软梯正向快速步伐测试

主要测试运动员的动作速度。

【测试设备】

电子计时系统（或者秒表）、10格标准软梯（每格为边长50cm的正方形）、标志盘、平坦开阔的测试场地。

【测试程序】

第一，在球场或运动场地上放置好软梯，以软梯的一端做为起点，距离软梯另一端5m处，摆放标志盘并做好终点标志线。

第二，运动员面对软梯站在软梯的起点处，听到"开始"的口令后，开始启动，启动脚踏入软梯的第一格，紧接着另一只脚也踏入软梯的第一格，然后启动脚再踏入软梯第二格，另一只脚也随即踏入第二格，依次跑完软梯并全力加速跑过终点线。

第三，如果运动员测试过程中出现踩软梯横线或踢乱软梯的现象必须重新进行测试。

第四，间歇1min以上再次进行测试；测试2次，取最好成绩。

注意：计时器从运动员起跑瞬间开始计时，身体越过终点线时停止。

4. 软梯侧向快速步伐测试

主要测试运动员的侧向动作速度。

【测试设备】

电子计时系统（或者秒表）、10格标准软梯（每格为边长50cm的正方形）、标志盘、平坦开阔的测试场地。

【测试程序】

第一，在球场或运动场地上放置好软梯，以软梯的一端做为起点，距离软梯另一端5m处，摆放标志盘并做好终点标志线。

第二，运动员面对软梯站在软梯的起点处，听到"开始"的口令后，开始启动，侧向移动进入软梯，启动脚踏入软梯的第一格，紧接着另一只脚也踏入软梯的第一格，然后启动脚再踏入软梯第二格，另一只脚也随即踏入第二格，依次跑完软梯并立即转身正向全力加速跑过终点线。

第三，计时器从运动员起跑瞬间开始计时，身体越过终点线时停止。

第四，如果运动员测试过程中出现踩软梯横线或踢乱软梯的现象必须重新进行测试。

第五，间歇1min以上再次进行测试；测试2次，取最好成绩。

5. 软梯正向进进出出步伐测试

主要测试运动员的动作速度和协调性。

【测试设备】

电子计时系统（或者秒表）、10格标准软梯（每格为边长50cm的正方形）、标志盘、平坦开阔的测试场地。

【测试程序】

第一，在球场或运动场地上放置好软梯，以软梯的一端做为起点，距离软梯另一端5m处，摆放标志盘并做好终点标志线。

第二，运动员面对软梯站在软梯的起点处，听到"开始"的口令后，开始启动，当启动脚跨过横杆后，一只脚快速跟进跨过横杆，启动脚立即向该格侧向跨出软梯，另一只脚向另一个侧向跨出软梯，启动脚再次向前跨越横杆，踩入第二格内，重复上述动作依次跑完软梯并全力加速跑过终点线。

第三，计时器从运动员起跑瞬间开始计时，身体越过终点线时停止。

第四，如果运动员测试过程中出现踩软梯横线或踢乱软梯的现象必须重新进行测试。

第五，间歇1min以上再次进行测试；测试2次，取最好成绩。

6. 软梯倒向进进出出步伐测试

主要测试运动员的动作速度和协调性。

【测试设备】

电子计时系统（或者秒表）、10格标准软梯（每格为边长50cm的正方形）、标志盘、平坦开阔的测试场地。

【测试程序】

第一，在球场或运动场地上放置好软梯，以软梯的一端做为起点，距离软梯另一端5m处，摆放标志盘并做好终点标志线。

第二，运动员背对软梯站在软梯的起点处，听到"开始"的口令后，开始启动，身体向后移动，当启动脚跨过横杆踩入第一个格子，另一只脚快速跟进踩入第一个格子，启动脚立即向该格倒向跨出软梯，另一只脚向另一个倒向跨出软梯，启动脚再次向后跨越横杆踩入第二个格子内，重复上述动作依次跑完软梯，并立即转身全力加速跑过终点线。

第三，计时器从运动员起跑瞬间开始计时，身体越过终点线时停止。

注意：如果运动员测试过程中出现踩软梯横线或踢乱软梯的现象必须重新进行测试；间歇1min以上再次进行测试；测试2次，取最好成绩。

---

7. 两栏快速脚步测试（10s）

本测试用于评定运动员的动作速度，由于技术要求非常高，必须在有专业体能教练指导下才能进行测试，而测试者也需要有一定的训练基础，并且能熟练掌握连续过栏的技术动作。此测试不推荐测试普通人群和初级运动员。

【测试设备】

秒表、2个18cm高的塑料栏架、宽阔平坦的场地。

【测试程序】

第一，将两个栏架平行摆放在平坦的地面，根据运动员的身高距离为50～80cm。

第二，受试者侧对栏架，一只脚站在左侧栏架的外侧，一只脚站在两栏之间，当听到"开始"口令时，受试者向右高抬腿依次过栏。

第三，当右脚跨过第二栏架着地后，便开始向左跨，当左脚跨过第二栏架着地后，便开始向右跨。依次重复进行。

注意：测试时间为10s，以双侧计数，即左脚跨出左栏计数1次，右脚跨出右栏也计数1次；间歇1min以上再次进行测试；测试2次，取最好成绩。

五、灵敏性测试

1.T形测试

T形灵敏测试是美国国家体能协会推荐的经典灵敏性测试方法，适用于多种运动项目。

【测试设备】

4个标志盘、秒表、胶带、卷尺、防滑平坦的地面。

【测试程序】

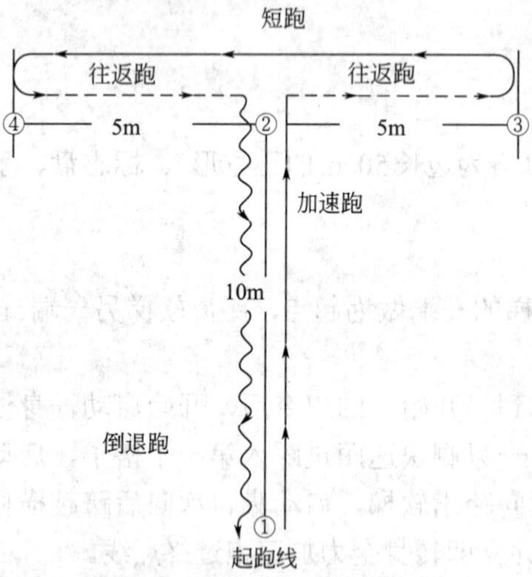

如图2-11所示。

第一，测试在两个长10m呈T形的跑道上进行，将标志盘①放于T形竖直线的底部，标志盘②放于T形竖直线的顶部，将标志盘③放于水平线的右端，标志盘④放于左端。起跑/终点线为标志盘①处。

第二，当听到"开始"的口令后，受试者从起跑线出发正向冲刺至③和④中点，到达②用手触摸标志盘后，后迅速侧向滑步至③并用手触摸标志盘，然后迅速变向做侧滑步至④。

第三，用手触摸标志盘④后，折返滑步至②用手触摸标志盘后，迅速转为倒退跑至①，测试两次取最好成绩，精确到0.01s。

第四，为安全起见，在离①处1m左右放一个体操队垫，以防受试者向后跑时摔倒。

第五，测试时运动员必须按照要求触摸到标志盘，否则测试无效。

图2-11 T形测试

注意：整个测试过程中必须始终保持身体面向前方，做侧向滑步时两腿不可交叉，并不允许运动员跳跃。

2.六边形跳

六边形跳测试是美国国家体能协会推荐的经典灵敏性测试方法，适用于多种运动项目。

【测试设备】

与地板颜色对比明显的胶带、秒表、卷尺、防滑平坦的地面。

【测试程序】

第一，用胶带在地板上粘成一个正六边形，每边长60cm，夹角120°，如图2-12所示。

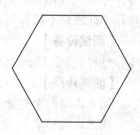

图2-12 六边形

第二，运动员进行准备活动并试做六边形跳。

第三，运动员测试的起始位置在六边形的正中心。

第四，听到"开始"的口令后，运动员由六边形中央双腿向边线外跳，再跳回中心，顺时针方向连续跳过每一条边，连续3次，最后回到六边形的中心，在整个测试过程中，身体始终朝向正前方。

第五，如果运动员在测试过程中踩在线上，或者出现转头现象，测试应停止并重新开始。

第六，运动员完成所有跳跃（共18次）回到六边形中心时停表计时。

第七，共测试两次，取最好成绩，精确到0.01s。

3.箭头跑

箭头跑测试是美国SPARQ体能训练团队推荐的适用于足球、曲棍球项目的灵敏性测试方法。测试很好地反映了运动员的灵活性，身体控制以及改变方向的能力，也适用于很多球类项目。

【测试设备】

4个标志桶或旗杆、电子计时系统（或者秒表）、卷尺、开阔平坦的场地。

【测试程序】

如图2-13所示。

第一，按照图示摆好标志桶或旗杆，B点距C、D、E三点的长度为5m，B点到A点的距离为10m。

第二，向右转身灵敏性测试。

听到口令后，由A快速跑向B点，向右绕过B快速跑向C点；向右绕过C点后快速跑向E点；向右绕过E点后全力跑向A点，跑过A点计时；测试两次取最好成绩。

第三，向左转身灵敏性测试。

听到口令后，由A快速跑向B点，向左绕过B点快速跑向C点；向左绕过D点后快速跑向E点；向左绕过E点后全力跑向A点，跑过A点计时；测试两次，取最好成绩，精确到0.01s。

第四，灵敏性评价：用时越短运动员灵敏性素质越好。

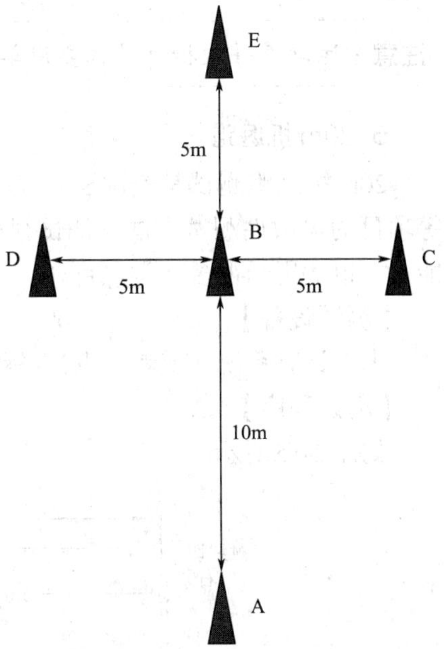

第五，左右转身灵敏性差异评价：比较运动员向左转身和向右转身的时间，两边误差不应超过1s。误差超过1s以上的说明运动员两侧灵敏性有明显差异；训练中注意训练较弱一侧灵敏性。

图2-13 箭头跑测试

4.阿贾克斯折返跑

阿贾克斯折返跑测试是广泛应用于世界足球俱乐部的灵敏性测试方法，测试很好地反映了运动员的灵活性，身体控制以及改变方向的能力，也适用于很多球类项目。

【测试设备】
电子计时系统（或者秒表）、卷尺、开阔平坦的场地。
【测试程序】
如图2-14所示。

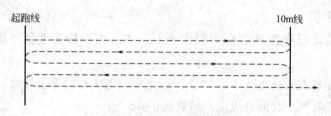

图2-14　阿贾克斯折返跑测试

第一，在开阔平坦的场地上距离10m做好两条标志线，一条为起跑线；一条为折返标志线。

第二，运动员从起跑线后15cm开始，身体越过起跑线时开始计时，运动员全力向前跑然后单足触摸10m线，然后改变方向往回跑；运动员单足触摸起跑线；再次变向向终点线冲刺，单足触摸10m线后随即改变方向往回跑，单足触摸起跑线，运动员再次改变方向，加速向前跑过终点线，在身体越过终点线时停止计时，总距离为50m。

第三，共测试2次，取最好成绩，精确到0.01s。

注意：运动员每次折返时都要用单脚踩到标志线，否则测试无效。

5. 20m折返跑

20m折返跑测试是美国SPARQ体能训练团队推荐的适用于棒球、橄榄球、垒球、篮球等项目的灵敏性测试方法。测试很好地反映了运动员的灵活性，身体控制以及改变方向的能力，也适用于很多球类项目。

【测试设备】
电子计时系统（或者秒表）、标志盘、卷尺、开阔平坦的场地。
【测试程序】
如图2-15所示。

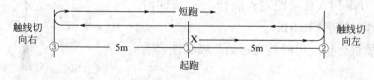

图2-15　20米折返跑

第一，在平坦开阔地运动场地或平地上沿直线每隔5m放置1个标志盘，共放置3个。在两端标志盘处划一条与圆锥所处直线相垂直的短线，该线是运动员需要触碰的目标。

第二，运动员双腿横跨站立于中间标志盘处，一手触地，准备开始测试。

第三，听到"开始"的口令后，从起始点迅速跑向右侧圆锥。

第四，用手触碰标志盘后迅速变向经过中间圆锥迅速跑向左侧圆锥。

第五，运动员用手触碰左侧标志盘，然后全力加速跑向中间标志盘，身体越过中间标志盘垂直线时停表计时，完成测试。

第六，测试两次，取最好成绩，精确到0.01s。

注意：要求运动员每次都要用手触摸到标志盘，否则测试无效。

6.蜘蛛拉网跑测试

蜘蛛拉网跑测试是美国网球协会推荐的适用于网球等项目的灵敏性测试方法。测试很好地反映了运动员的灵活性，身体控制以及改变方向的能力，也适用于很多球类项目。

【测试设备】

6个标志盘、秒表、卷尺、防滑平坦的场地。

【测试程序】

第一，用6个标志盘摆成一个长方形，长边长为8m，短边长为4m，在长边各放3个标志盘，距离为4m。如图2-16所示。

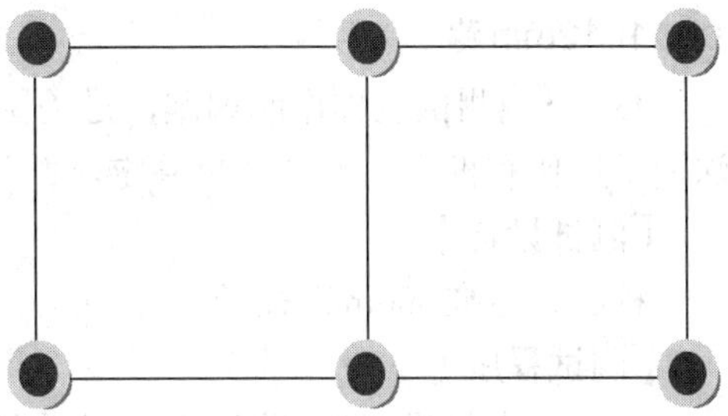

第二，当听到"预备——跑"口令时，受试者从一个长边的中点（原点）出发，向场边左侧端点的标志盘冲刺，当到达触摸到标志盘后迅速转身冲回原点。

图2-16　起始标志盘

第三，到原点后迅速转身冲至顺时针方向下一个标志盘，以相同要求，依次跑完所有标志盘；最后跑完长方形长边右侧标志盘后，跑向起始标志盘，用手触摸到起始标志盘停表计时。

第四，测试两次，取最好成绩，精确到0.01s。

注意：要求运动员每次都要用手触摸到标志盘，否则测试无效。

7.伊利诺斯（Illinois）灵敏性测试

伊利诺斯（Illinois）灵敏性测试是经典的灵敏性测试方法之一。测试很好地反映了运动员改变运动方向以及控制重心的能力，适用于很多球类项目。

【测试设备】

8个标志桶、秒表、卷尺、防滑平坦的场地。

【测试程序】

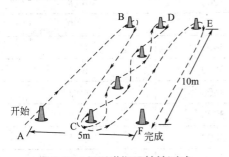

图2-17　伊利诺斯灵敏性测试

第一，按照图2-17所示，摆放好标志桶和做好起跑线和终点线。

第二，运动员双腿并拢平伸坐在起跑线A处，听到"开始"的口令后，运动员立即站起来，然后疾跑至左侧端点的标志桶B处，绕过标志桶B跑回向标志桶C，然后沿中间摆放的标志桶进行穿梭跑，到标志桶D处再穿梭跑回，再次绕过标志桶C全力冲刺跑向标志桶E，绕过标志桶E后全力跑向标志桶F，运动员身体越过终点线时，停表计时。

第三，测试两次，取最好成绩，精确到0.01s。

注意：要求运动员每次都要绕过各个标志桶，不允许跨过或触碰标志桶，否则测试无效。

六、有氧耐力测试

有氧耐力是许多运动项目的基础，是指运动员利用能源物质的有氧氧化供能所能提供的最大供能速率，通常用每公斤体重的最大摄氧量[mL/kg（体重）·min]。最准确的有氧耐力是通过在实验室的跑台上进行递增负荷跑，同时运用先进的气体代谢分析仪器测试而得到的数据，但这种测试需要实验仪器条件很高，不便于普及和推广，因此有氧耐力测试通常由一些标准的有氧运动成绩来推算。

1. 12min跑

12min跑测试也称作库珀跑，是美国运动医学协会推荐的有氧耐力经典测试方法，此方法便于操作和推广，测试结果稳定，并可以推算运动员的相对最大摄氧量。

【测试设备】

秒表、标准400m田径场。

【测试程序】

第一，在标准400m跑道上，运动员以稳定的速度尽力跑12min，12min内完成的跑动距离为测试成绩，精确到10m。

第二，根据测试成绩和表2-1可推测运动员的最大摄氧量。

表2-1 12min跑成绩与最大摄氧量对照表

12min跑成绩/m	最大摄氧量/（mL/kg·min）	12min跑成绩/m	最大摄氧量/（mL/kg·min）
1000	14.0	2500	45.9
1100	16.1	2600	48.0
1200	18.3	2700	50.1
1300	20.4	2800	52.3
1400	22.5	2900	54.4
1500	24.6	3000	56.5
1600	26.8	3100	58.5
1700	23.9	3200	60.8
1800	31.0	3300	62.9
1900	33.1	3400	65.0
2000	35.3	3500	67.1
2100	37.4	3600	69.3
2200	39.5	3700	71.4
2300	41.6	3800	73.5
2400	43.8	3900	75.6

2.YOYO测试

YOYO测试为间歇性耐力测试，本测定方法主要用于测定球类运动员的有氧耐力。

【测试设备】

大功率录音机、YOYO音乐磁带、平坦开阔的场地。

【测试程序】

第一，在距离20m的场地两端用标志盘做好标记，准备好录音机和YOYO专用音乐磁带。

第二，运动员做好充分的准备活动后，站在20m场地的一端准备开始测试。

第三，运动员在距离为20m的两个标志物之间，根据磁带播放的口令和节奏，以不断增加的速度进行带有间歇的往返跑。队员在完成每个20m后有短暂的间歇时间，不断增加的跑速由预先录制的声音信号来控制，队员在测试中完成尽可能多的跑动距离。

注意：当队员第1次跟不上跑速时，将被警告1次，第2次跟不上跑速时，测试停止。

第四，记录运动员完成的等级和在此等级内完成的往返次数；然后按照表2-2可推算运动员的最大摄氧量。

表2-2 YOYO测试结果与最大摄氧量对照表

等级	往返次数	推测最大摄氧量	等级	往返次数	推测最大摄氧量	等级	往返次数	推测最大摄氧量
4	2	26.8	5	2	30.2	6	2	33.6
4	4	27.6	5	4	31.0	6	4	34.3
4	6	28.3	5	6	31.8	6	6	35.0
4	9	29.5	5	9	32.9	6	9	35.7
						6	10	36.4
7	2	37.1	8	2	40.5	9	2	43.9
7	4	37.8	8	4	41.1	9	4	44.5
7	6	38.5	8	6	41.8	9	6	45.2
7	8	39.2	8	8	42.4	9	8	45.8
7	10	39.9	8	11	43.3	9	11	46.8
10	2	47.4	11	2	50.8	12	2	54.3
10	4	48.0	11	4	51.4	12	4	54.8
10	6	48.7	11	6	51.9	12	6	55.4
10	8	49.3	11	8	52.5	12	8	56.0
10	11	50.2	11	10	53.1	12	10	56.5

续表

等级	往返次数	推测最大摄氧量	等级	往返次数	推测最大摄氧量	等级	往返次数	推测最大摄氧量
			11	12	53.7	12	12	57.1
13	2	57.6	14	2	61.1	15	2	64.6
13	4	58.2	14	4	61.7	15	4	65.1
13	6	58.7	14	6	62.6	15	6	65.6
13	8	59.3	14	8	62.7	15	8	66.2
13	10	59.8	14	10	63.2	15	10	66.7
13	13	60.6	14	13	64.0	15	13	67.5
16	2	68	17	2	71.4	18	2	74.8
16	4	68.5	17	4	71.9	18	4	75.3
16	6	69	17	6	72.4	18	6	75.8
16	8	69.5	17	8	72.9	18	8	76.2
16	10	69.9	17	10	73.4	18	10	76.7
16	12	70.5	17	12	73.9	18	12	77.2
16	14	70.9	17	14	74.4	18	15	77.9
19	2	78.3	20	2	81.8			
19	4	78.8	20	4	82.2			
19	6	79.2	20	6	82.6			
19	8	79.7	20	8	83.0			
19	10	80.2	20	10	83.5			
19	12	80.6	20	12	83.9			
19	15	81.3	20	14	84.3			
			20	16	84.8			

3. 3000m跑

最简便、最易于操作的有氧耐力测试方法。

【测试设备】

秒表、田径场。

【测试程序】

运动员听到开始的口令后，尽力跑完3000m距离，记录跑动时间。

七、肌肉耐力

1. 1min仰卧起坐测试

本测试方法用于评定运动员腹肌的肌肉耐力。

【测试设备】

秒表、垫子。

【测试程序】

第一，如图2-18所示，运动员仰卧屈膝，双臂交叉，两手放于肩上，由同伴压住其双脚。

第二，听到开始的口令后，运动员在1min内尽快完成标准的仰卧起坐，记录1min运动员完成的仰卧起坐个数。

图2-18　1min仰卧起坐测试

注意：运动员臀部始终要与地面接触，坐起时肘关节触及膝盖，仰卧时上背部触及地面为完成一次，如果双手离开肩膀，或肘关节未触及膝盖以及腰背没有触及地面，则该次不计数；测试两次，取最好成绩。

2. 1min俯卧撑测试

本测试方法用于评定运动员上肢力量和耐力。

【测试设备】

秒表、垫子。

【测试程序】

图2-19　1min俯卧撑测试

第一，如图2-19所示、运动员俯卧，双手伸直将身体支撑起来，身体始终保持挺直，准备开始测试。

第二，听到"开始"的口令后，运动员在1min内尽快完成标准的俯卧撑动作，记录运动员1min完成的俯卧撑次数。

注意：运动员测试过程中身体贴近地面时肘关节至少应达到90°，身体始终保持挺直，如果达不到要求则该次不计入统计次数；如果测试过程中运动员膝盖触到地板，则测试结束。

第三，有效测试两次，取最好成绩。

八、稳定性测试

1. 闭眼单脚站立测试

本测试方法是一个非常简便、易于多次重复测试的方法。

【测试设备】

秒表。

【测试程序】

第一，运动员双臂交叉，两手放于肩上，以单脚站立，另一只脚抬起。

第二，听到"开始"的口令后，运动员闭上双眼，尽量保持身体的稳定，运动员的站立脚离开原地，或者抬起脚触及地面，则测试结束，记录时间，精确到0.1s。

注意：测试过程中运动员不能睁开眼睛，双手也不能离开双肩，否则测试无效；有效测试两次，取最好成绩。

2. 身体俯卧平板支撑测试

身体俯卧平板支撑是一项对核心稳定性力量的主观性测试方法。

目标是主观评估运动员的核心稳定性力量。

【测试设备】

秒表、平坦开阔的场地。

【测试程序】

第一，如图2-20所示，像做俯卧撑一样趴在地面上，胳膊弯曲90°，胳膊肘抵住地面，肩关节与肘关节均呈90°，脚尖点地，全身只有前臂和脚尖脚趾与地面接触。

第二，测试时，核心肌群收紧，髋部与躯干保持上提状态，身体处于同一平面内，以迫使充分刺激核心肌肉。

第三，按照要求做好测试动作，待保持稳定状态后，开始计时1min，教练员要观察运动员的身体是否有某一部分偏离初始位置。主要观察运动员测试过程中是否有以下方面变化：髋部没有保持伸展发生向上或向下移动、重心过于向肩关节偏移、身体向两侧发生倾斜。

该测试是核心力量训练的一种重要方法。

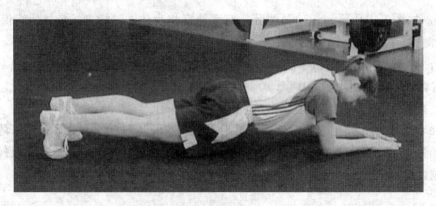

图2-20　身体俯卧平板支撑测试

 学习实践

一、小组学习实践

自愿结合，形成学习小组，完成下列任务。

1.每个小组根据教师要求完成最大肌肉力量、肌肉耐力和柔韧性等身体素质的组内互测，写出实践报告，详细记录实践测试过程。

2.每个小组在速度能力、灵敏、有氧耐力三种身体素质中任选一种进行组内互测，写出实践报告，详细记录实践测试过程。

二、个人学习实践

请在足球、游泳、网球运动中选择你喜爱的项目，设计针对性的体能测试方案。

 总结复习

本章对柔韧性、最大肌肉量、速度能力、爆发力、无氧耐力、灵敏性、有氧耐力和稳定性等身体素质的测试方法进行了详尽的介绍，同时阐述了测试过程中所需设备、测试程序和应注意的问题。主要内容如下：

1.柔韧性测试的主要方法：坐位体前屈
　　　　　　　　　　　　肩部柔韧性测试

2.最大肌肉力量测试方法：深蹲
　　　　　　　　　　　　平板卧推

3.爆发力测试方法：垂直纵跳
　　　　　　　　　立定跳远
　　　　　　　　　上步垂直纵跳
　　　　　　　　　三步蛙跳
　　　　　　　　　杠铃高翻
　　　　　　　　　前抛实心球
　　　　　　　　　跪姿前推实心球
　　　　　　　　　侧抛实心球
　　　　　　　　　后抛实心球

4.速度能力测试方法：20m（30m）冲刺跑
　　　　　　　　　　40m（60m）冲刺跑
　　　　　　　　　　软梯正向快速步伐测试
　　　　　　　　　　软梯侧向快速步伐测试
　　　　　　　　　　软梯正向进进出出步伐测试
　　　　　　　　　　软梯倒向进进出出步伐测试
　　　　　　　　　　两栏快速脚步测试

5.灵敏性测试：T形测试
　　　　　　　六边形跳
　　　　　　　箭头跑
　　　　　　　阿贾克斯折返跑

　　　　　　　　20m折返跑
　　　　　　　　蜘蛛拉网跑测试
　　　　　　　　伊利诺斯灵敏性测试
6. 有氧耐力测试：12min跑
　　　　　　　　YOYO测试
　　　　　　　　3000m跑
7. 肌肉耐力测试：1min仰卧起坐测试
　　　　　　　　1min俯卧撑测试
8. 稳定性测试：闭眼单脚站立测试
　　　　　　　　身体俯卧平板支撑测试

推荐阅读

无氧耐力测试

1. 两栏左右连续高抬腿测试（30s）

本测试用于评定运动员在高强度下的持续工作能力和运动员的动作速率，由于技术要求非常高，必须在有专业体能教练指导下才能进行测试，而测试者也需要有一定的训练基础，并且能熟练掌握连续过栏的技术动作。此测试不推荐测试普通人群和初级运动员。

【测试设备】

秒表、2个18cm高的塑料栏架、宽阔平坦的场地。

【测试程序】

第一，将两个栏架平行摆放在平坦的地面，根据运动员的身高距离为50～80cm。

第二，受试者侧对栏架，一只脚站在左侧栏架的外侧，一只脚站在两栏之间，当听到"开始"口令时，受试者向右高抬腿依次过栏。

第三，当右脚跨过第二栏架着地后，便开始向左跨，当左脚跨过第二栏架着地后，便开始向右跨。依次重复进行。

注意：测试时间为30s，以双侧计数，即左脚跨出左栏计数1次，右脚跨出右栏也计数1次。间歇10min左右再次进行测试。测试2次，取最好成绩。

2. 多级跳障碍测试（20s）

很多球类运动项目对运动员的持续无氧耐力有很高的要求，比如连续爆发力和短时间内多次无氧状态下的高强度运动。多级障碍测试模仿了许多球类运动中的能量需求。

多级跳障碍测试是在20s时间内两脚同时连续跳过高度18cm（初级水平运动员）或者36cm（高级水平运动员）的障碍物，间歇10s后，再次在20s时间内连续跳过障碍。多级跳跃障碍测试主要显示运动员的脚下速度、身体控制和重复做功的能力。本测试不仅能评价运动员的高强度持续运动能力，还能显示运动员的恢复能力，因为在很多球类运动的比赛过程中都需要能量的释放、恢复与再释放。

【测试设备】
秒表、1个18cm或者36cm高的塑料栏架、平坦防滑的场地。

【测试程序】
第一，如复习图2-1和图2-2所示受试者站立在障碍物的一边，当听到"开始"的口令时，运动员从障碍物的一侧跳到另一侧，并往返进行。

复习图2-1　跳障准备　　　　　复习图2-2　跳障测试

第二，运动员持续跳跃障碍20s后停止，在20s内运动员尽可能地跳跃更多的次数。然后休息10s后继续跳跃20s。

第三，在第一次20s跳跃后，测试人员给出提示语"休息"，并且记录下前20s完成时跳跃的次数。在间歇期，距离下一组测试还有5s的时候测试人员要给出提示语"还有5秒钟"。

第四，在10s的间歇时间结束时计时员给出口令："跳"，同时受试者继续后20s的测试。测试人员记录下跳跃的次数。

注意：（1）如果受试者碰到了障碍物，测试人员要尽快摆放好障碍物，争取对受试者的影响降低到最小。如果障碍物完全被碰翻，测试应被终止，间隔两分钟后再次测试。

（2）本测试强度大，对运动员能力要求高，测试前一定要让受测试的运动员做充分的准备活动，而且应该给受试者1次或2次练习机会。

3. 300m折返跑

本测试是美国国家体能协会推荐的一个测试运动员无氧耐力的经典方法。

【测试设备】
秒表、宽阔平坦的场地，标志盘。

【测试程序】
第一，在相距25m放置两个标志盘，在每个圆锥处标记一条与两圆锥所成直线相垂直的短线。

第二，运动员站在一条标志线外，听到"开始"的口令后用尽可能快的速度完成6个来回的短跑（从标志盘①到标志盘②，再返回至标志盘①称作一个来回），总长300m。如复习图2-3

所示。

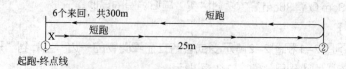

复习图2-3 300m折返跑

注意：运动员到达每一端时用降低重心，用脚触及短线，并尽快转移重心向相反方向加速。

第三，当运动员完成300m后最后冲过标志线时记录时间。
第四，运动员积极休息5min，进行第二组300m折返跑测试，记录成绩。

注意：最后成绩是两组测试的平均值。例如，如果运动员第一轮用时65s，第二轮用时67s，则最终用时为66s。教练可以从两组测试结果的比较看出运动员的无氧耐力水平。如运动员两组测试用时相差在2s内，说明运动员的机体清除乳酸能力较好；如果相差4s以上，则说明该运动员的乳酸分解代谢能力较差。

4. 400m跑

最简便、最易于操作的无氧耐力测试方法。

【测试设备】
秒表、田径场。

【测试程序】
运动员听到开始的口令后，尽力跑完400m距离，记录跑动时间。

第三章　基础体能建设

第一节　热身的原则与基本技术

 你知道吗？

| 你在参加运动之前有做准备活动的习惯吗？为什么？ | 你的准备活动包括哪些内容？ |

一、热身活动的作用

1. 提高神经系统的兴奋性，激活运动器官，克服生理惰性。
2. 提高身体温度，改善肌肉黏滞性，提高韧带的伸展性。
3. 提高心率，增加心输出量，提高呼吸通气量。
4. 减小运动伤害发生的风险。

二、赛前准备活动的一般要求

首先，用短时间低强度的动作，让运动时将要使用的肌肉群进行一定的收缩活动，以增加局部和全身的温度以及血液循环，并且使体内的各种系统——包括心血管系统、呼吸系统、神经系统及运动系统能逐渐适应即将面临的较激烈的运动，且预防运动伤害的发生。

对运动前的动态热身，可以给出如下建议。

1.热身活动应使身体温度适宜提高，微出汗，低强度，以120～140次/min的心率水平较为适宜。

2.慢跑热身后应进行肌肉和韧带的动态伸展练习。

3.热身运动应对上、下肢、躯干所有部位进行，应包括前、后、左、右、斜向等多方位运动。

4.热身活动中应包括低强度的专项技术动作的模仿练习，为即将进行技术训练或比赛中使用肌群做准备，在练习中要有意识体会神经系统对肌肉的控制感。

5.准备活动应在专项训练或比赛前15min开始减量，在赛前5～10min结束准备活动。这可以使人轻度的暂时疲劳得到恢复，又不至于失去准备活动的效果。

6.在赛前5～10min用几分钟时间进行"默念"等想象练习或放松练习的心理准备，随后再做轻微的伸展体操一到两次。

7.运动员应根据自身特点安排适宜的热身活动方案，如神经类型的特点的不同，比赛环境的不同等。

这里需要说明的是，竞技体育的训练与比赛中热身活动应遵守以上7点要求，但在普通人群在健身活动中使用，如在篮球、足球、网球、羽毛球等健身娱乐前，只需进行1、2、3点即可。总之，赛前准备活动从形式到内容都不能千篇一律，固定不变，只有根据个人特点研究制定合理的准备活动，运动员才能在比赛中充分发挥自己的水平。

三、准备活动易出现的问题

1.活动内容单一，方法简单，目的性不明确。
2.准备活动与比赛时间之间关系不明确，多数间隙时间不当。
3.赛前准备活动缺乏心理控制内容。

 技术实训

一、热身准备活动方法

慢跑、简易体操是运动中最常见的一种热身活动方法，并不受场地大小的限制，可以达到运动员心肺器官的参与和预热四肢肌肉的作用，没有技术动作的特殊要求，简单易用，在这里不作更多的说明和解释。下面介绍几种既有预热作用又有拉伸肌肉作用的方法。

1.脚跟行走

【目的】对小腿后侧肌肉进行拉伸预热，同时发展上下肢协调性，并有提高动态平衡能力的训练作用。

【方法】向前行走，同时将脚尖翘起，脚跟着地，膝关节伸直，下肢摆动行走。行走时

尽量将小腿后侧肌肉拉伸。行走10～15m，然后返回。

【要点】躯干保持正直，上下肢协调配合；脚跟行走时尽量勾起脚尖；步幅大并动作节奏感好。

2. 行进间抱膝上提

【目的】对髋、膝关节及下背部周围肌肉进行拉伸热身，激活腱器官、增加关节的灵活性，并有提高动态平衡能力的训练作用。

【方法】向前行走，自然步伐前行3步，领先腿支撑，随后后腿抬膝，双手抱膝将膝盖主动拉近胸部，随后腿落地变为领先腿，重复上述动作，行走约10～15m，可后退至起点，也可直接返回起点。

【要点】保持躯干正直；支撑腿尽量伸直，并提起脚跟；双手提膝应有一定力度，充分拉伸下肢关节。

3. 后踢臀跑（走）

【目的】对大腿前侧肌群进行拉伸预热，增加膝关节灵活性，并体会动作频率，改善跑步姿势。

【方法】向前跑时，大腿垂直向下，屈膝向后收小腿，脚后跟尽量拉紧臀部，以拉伸大腿前侧肌群。手臂配合腿的动作协调摆动。向前跑动约15～30m。

【要点】保持身体正直或略前倾，手脚要协调配合。快速跑时保持踝、膝、髋、肩在一直线。

4. 小步跑

【目的】激活踝关节周围肌肉的活性，发展踝、膝和髋关节之间的协调性与灵活性，提高步频，改进跑步姿态。

【方法】向前跑动，膝盖稍稍弯曲，前脚掌着地，尽力提脚跟，两脚快速交替用前脚掌蹬离地面，蹬地时膝盖稍稍弯曲，摆动腿大腿积极下压，小腿顺惯性向前摆，落下时前脚掌着地，另一腿迅速向前摆动，两大腿积极并腿，向前跑动约10～15m。

【要点】保持正确的身体的姿态；上肢摆动要快速有力，和下肢动作协调配合熟练动作后，逐渐加快步频。

5. 高抬腿跑（走）

【目的】拉伸大腿后侧肌群，并提高髋关节灵活性及活动范围，增强曲髋肌群力量，改进跑步姿态。

【方法】向前跑动，两膝交替上抬，大腿与地面平行，手臂配合腿的动作进行摆动，抬左膝屈右臂，左臂摆至身后；抬腿时稍勾脚尖，落地时前脚掌着地。正向进行15～30m。

【要点】热身开始阶段用走的方式；身体逐渐活动开后用跑的方式。身体保持正直或略微前倾，手脚要协调配合。大腿努力抬高，支撑腿充分蹬伸。

6. 车轮垫步跑

【目的】发展髋、膝和踝关节协调性与灵活性，激活髋关节及腿部周围的肌肉。

【方法】向前跑动。一条腿尽量上抬至最高点，膝关节超过髋关节位置，并伸展小腿。腿伸展开时，用力下压大腿，形成腿的鞭打动作。另一条腿做1次垫步。两腿交替重复上述动作，向前跑动约15～30m。

【要点】保持身体正直或微微前倾，手脚要协调配合。尽量抬膝伸腿，至最高点时制动，积极下压大腿。支撑腿垫步动作要清晰，抬起前积极收小腿。动作熟练后可取消垫步，直接做车轮跑。

7. 跨步走

【目的】对大腿后侧肌肉进行拉伸，增加髋关节灵活性，协调发展上下肢用力，改善跑步姿势。

【方法】向前跑动。一条腿向前跨出，抬高大腿至与地面平行，另一条腿尽量后伸，膝、踝关节伸展至最大。然后换腿重复上述动作。上肢作相应摆动配合，摆动幅度要大。

【要点】保持身体正直或微微前倾，上下肢要协调配合。抬膝至与地面平行，然后制动，积极下压大腿。

8. 侧向滑步弓步拉伸

【目的】动态拉伸大腿内侧肌群，增强髋关节灵活性，增强大腿力量。

【方法】侧对行进方向，左侧朝向行进方向时，向左滑步2步，第3步左脚踏出一大步，弯曲左膝成侧弓步，右腿伸直。再弯曲右膝成侧弓步，左腿伸直。起立后重复上述动作。10～15m折返，折返时右侧朝向行进方向。

【要点】弓步时，屈膝角度不小于90°，避免膝关节压力过大。弓步时，两手可分别放于两大腿上或向前伸，保持身体平衡。弓步时，身体略微前倾，臀部后坐。

9. 正踢腿跑

【目的】拉伸大腿后肌肉群、臀肌、下背部，发展平衡性、协调性。

【方法】面向行进方向。左腿尽力向前向上踢，用左脚尖在踢起的最高处接触右手。左脚落地后自然行进2步，右腿向上踢，在踢起的最高处接触左手。重复上述动作。正向进行15～30m。

【要点】踢腿时身体尽量保持正直或略微前倾，踢起的幅度尽量大，膝盖保持伸直或微微弯曲，支撑腿伸直。

10. 正向转髋

【目的】提高髋关节灵活性，以及动员周围各肌群。

【方法】正向前进，一条腿向另一条腿前侧方迈出，并配合转髋动作，然后另一条腿重复上述动作，上肢跟随下肢自然摆动。

【要求】躯干保持正直，手脚协调配合，行进中积极转动髋部，逐渐加快速度和频率，两条腿依次作为领先腿进行练习。

11. 侧向交叉步

【目的】增加髋关节灵活性、活动下背部，发展身体协调性，提高侧向移动能力。

【方法】侧对行进方向，转动髋部，使右腿交叉移动到左腿前，左腿向侧迈步，右腿交叉至左腿后，快速前进15～30m。换方向，并换腿移动。

【要点】身体正直，手脚协调配合。行进中积极转动髋部，逐渐加快速度和频率，两条腿依次作为领先腿进行练习。

12. 碎步转髋

【目的】增加髋关节灵活性、发展身体协调性。

【方法】侧向移动，身体微微前倾，膝部弯曲，做一次踏步跑，然后向行进方向转髋做一次踏步跑，反复扭转髋部作踏步跑，频率不断加快，10～15m折返，返回时另一侧对着行进方向。

【要点】身体保持微微前倾的姿势，移动过程中没有起伏。转髋时，手脚协调配合，保持身体平衡。

13. 转身跑

【目的】热身，纠正跑姿，发展身体协调性。

【方法】面向行进方向，先做正向跑10～15m，到折返线时即停，背向跑的方向，上体略向前倾，右脚尖蹬地，左腿屈膝向后跨出，左脚着地后右腿屈膝向后跨出，连续进行下去，采用适中的速度。进行10～15m往返跑。

【要点】跑时身体始终保持正确的姿态，手脚要协调配合，向后跨脚不要过高。

小组学习实践

由6～8人组成一组，编制一套热身活动训练单位，时间约15min，并进行实践演示。

要求：热身活动的强度应由慢及快、由小及大。从动态拉伸平稳过渡到跑跳等动作，合理安排练习顺利，拉伸与预热部位要全面，涉及踝、膝、髋、躯干以及肩臂，练习动作的方向要多样，包括正向、侧向和倒向等。

1. 无论是参加比赛，还是一般健身活动，热身活动都是不可缺少的。在竞争日益激烈的现代竞技体育比赛中，科学而有效的赛前热身活动成保障比赛成绩稳定发挥的重要因素之一。

2. 热身活动不仅提高运动员或普通人的生理机制（活性），而且是降低发生运动损伤的风险的有效手段之一。通常，热身活动的内容包括低强度地慢跑、简单体操、肌肉韧带的拉伸、加速跑以及专项性的动作练习等内容。

第二节　抗阻力量训练的原则与基本技术

进行抗阻训练应注意什么问题？	抗组训练的目的是什么？

一、抗阻力量训练的原则

无论哪种训练计划，都要遵循针对性原则、超负荷原则、渐进性原则。忽视其中任何一个原则都会对训练效果造成不良影响，甚至会引起运动损伤事故。

1. 针对性原则

针对性原则是三大原则中最基本的原则。这是在1945年由德朗提出的，其意义是指运动训练要有针对性，有了针对性才能保障运动员专门训练的效果和对训练的适应。例如，要设计加强运动员背阔肌的专项训练方案，就要设计有背阔肌参与的训练计划，如俯身杠铃划船。另外，施加在运动员身上的刺激要符合专项训练的要求。例如，运动员想要训练高速运动中的爆发力水平，就应该在训练中募集该项运动中需要的运动单位，以尽可能快的方式进行收缩练习。模仿专项运动动作的合成抗阻力量训练可以提高运动员所训练肌肉与专项运动中所需肌肉的接近程度。例如，跳高运动员进行跳伸训练，作为其增强式训练计划的一部分，能够提高运动成绩，因为这种训练中踝、膝、髋的发力与跳高专项很接近。

专门性也要考虑运动员所处的训练周期，随着运动员进入准备期、集训期、赛前训练期、赛后训练期，训练计划应该有计划、有组织地变化，由一般向专项过渡。虽然参加专项运动本身是最好的提高运动成绩的途径，但适当地在其他训练中应用针对性原则也会对专项成绩的提高起到积极作用。

2. 超负荷原则

超负荷原则是指训练中的运动量或训练强度超过运动员已经习惯的训练强度和训练量。如果没有超负荷的刺激，即使训练计划等做得很周全，也会极大地限制运动员的能力的进步。

在抗阻力量训练中，最典型的应用超负荷原则的例子就是练习中负重的增加。另外，还有其他一些变化，如每周训练课次数的增加、每堂训练课训练强度和训练量的增加、在简单训练中增加难度、减少间歇时间等，这些都是超负荷训练的应用。在短跑训练中应用超负荷原则还可以通过减轻自身重力或增加风阻来实现，在拉长训练中，可以通过将单次跳改为多次跳，或将台阶增高做跳深练习等的方法来应用超负荷原则。遵循超负荷原则的目的就是对身体提出新的挑战。在充分应用超负荷原则的同时有效避免过度训练，就会看到运动员训练的明显效果。

3. 渐进式原则

如果想要持续提高运动成绩，训练的强度一定要不断增加。如果渐进式原则应用得当，就会对训练的持续提高带来好处。尽管我们注意的多半是负重的不断增加，其实通过增加每周训练课次数、每堂课增加训练内容、不断改变专项训练难度、增加训练强度的刺激等，也可以逐步提高训练的强度，问题的关键在于渐进性原则是运动员实际训练状况下的渐进，是系统性的渐进。

总而言之，专门性和超负荷原则的应用保证了训练是针对运动员的专项需要的肌肉，保证了训练负荷能够对运动员的肌体构成挑战，使运动员的肌肉更有力、更大、更快、更耐疲劳。运动员进步的快慢很大程度上取决于如何进行超负荷训练，渐进的、讲究方法的超量负荷可以使运动员一方面得到专项刺激；另一方面得以恢复，这才能获得最佳的训练效果。

一、抗阻力量训练的基本技术

1.抗阻力量训练的基本技术

在进行抗阻力量训练时，有一些通用的技术要领，如双手的握姿、握距、身体姿势、呼吸的要领等。正确的动作有利于取得安全和有效地训练效果，而且有些训练还需要保护带。

抗阻力量训练中常用的两种握姿为正握（掌心向下）和反握（掌心向上）。例如，在卧推时就采用正握的姿势，而在弯举训练中就采用反握的姿势。还有一种姿势叫对握（掌心相对），同握手的姿势类似。例如，在坐姿肩上推训练中的握姿。另外，保护者采用的握姿通常为正反握（例如在保护卧推训练中），即一手朝上；另一手朝下。在正握、反握和正反握中，训练者的拇指都要锁死杠铃，使握杠铃时更加稳固，这时拇指是闭握姿势。当拇指在食指的第一关节时，这种握姿就成为开握，也称为虚握。再者，在进行杠铃训练时，指导训练者双手保持一定的距离也是非常重要的，这个距离称为握距。目前握距可以分为四种，分别是窄握、髋宽握、肩宽握、宽握。一般的力量训练采用的都是肩宽握的握距，因为每个人在体型上的差距，导致了握距上的差距。但不论哪种握距，杠铃都应该保持平衡。

在所有的力量训练前，体能教练都要指导运动员以正确、稳定的姿势进行训练，这样才能对特定的肌肉施以一定的合理影响，以达到训练的预期效果。在以站立姿势进行训练时，训练者的双脚要与肩或臀部同宽，全脚掌着地。在进行器械训练时，要调整好座椅的高度，将练习部位置于器械垫的上方或下方，使关节运动方向与器械运动方向平行。例如，在进行腿屈伸训练时，要调整好器械靠背的角度，将脚垫调整至合适的位置，使膝关节与器械运动轴平行。

另外，当训练者采用坐姿（如胸上推、肩上推等训练）或卧姿（如卧推、仰卧臂屈伸、仰卧飞鸟等训练）进行力量训练时，可以采用五点接触姿势。

训练者坐在或躺在练习板凳上时，体能教练要指导训练学员用身体以下部位接触练习板凳或地面：

- 头后部；
- 颈背部和肩；
- 腰背部和臀部；
- 右脚；
- 左脚。

当进行俯卧姿势的训练时，训练者接触练习板凳、器械把手时要用以下部位：

- 下颌（如果身体转向一侧，可以用一侧的脸部）；
- 胸部；
- 髋部或大腿前部；
- 右手；
- 左手。

2.抗阻训练的基本呼吸方法

呼吸在抗阻力量训练中也是很重要的,体能教练应该指导训练者,在用力举起重物时呼气,在放下重物时吸气。例如,在做肩上推这项运动时,在推至一半高度时呼气,放下杠铃时吸气,这种呼吸方法几乎适用于所有的抗阻力量训练。也就是说,体能教练要引导训练者在发力阶段呼气,在放下重物阶段吸气。

在进行力量训练时,通常训练者会在发力时有憋气的现象,这时会产生瓦尔沙瓦现象。瓦尔沙瓦现象通常会产生以下几种情况:
- 气门关闭;
- 膈肌及腹肌的强直性收缩使腹内压升高;
- 由于呼吸肌的收缩而使胸内压升高。

在训练时有两种训练方法:一种是在放下重物时吸气,在发力时憋气,然后呼气;另一种是在开始做动作前吸气,在做动作过程中憋气,然后呼气。

尽管憋气有利于发力,但瓦尔沙瓦现象会限制静脉血回流,使心输出量降低;还会引起血压升高,导致眩晕、疲劳、血管破裂等现象。因此,体能教练在指导训练者进行抗阻力量训练时,尽量不要憋气。即使是训练有素的运动员,在进行最大负荷的训练时,憋气的时间也不能过长(最长1~2s)。

二、抗阻训练基本内容

1.腹部训练

(1)屈膝仰卧起坐

【开始姿势】

如图3-1(a)所示:

(a)

(b)

图3-1 腹部训练

仰卧在地板上;
屈膝使脚后跟靠近臀部;
双臂交叉放在胸前或腹部。

【向上运动阶段】

低头使下颌接近胸部;
双脚、臀部和腰背部不能离地,收腹使项背部靠近大腿;
双臂交叉放在胸前或腹部。如图3-1(b)所示。

【向下动作阶段】

展腹、抬头回到开始姿势;
使双脚、臀部、腰背部和双臂处于同一平面。

【常见错误动作】

向上动作阶段双脚离地。
向下动作阶段臀部离地。
主要训练肌肉:腹直肌。

(2)器械收腹

【开始姿势】

坐在练习器上,将胸部贴在胸垫上,如果没

有胸垫，用双手握住器械把手。

【向前动作阶段】

低头将下颌贴在胸部；

保持双脚、腿部和臀部不动，收腹使上体向大腿靠近；

胸部要贴在胸垫或双手紧握器械把手。

【向后动作阶段】

展腹、抬头回到开始姿势；

胸部要贴在胸垫上或双手紧握器械把手。

【常见错误动作】

在向前动作阶段臀部离开座椅；

借助双手或腿部力量收腹。

【主要训练肌肉】

腹直肌。

2.背部训练

（1）俯身提拉

【开始姿势】

如图3-2（a）所示：

双手握住杠铃杆，掌心向下，握距略比肩宽；

将杠铃拉起，放在大腿前部；

调整双脚位置，距离略宽于肩，双膝微屈；

屈髋使上体接近与地面平行；

挺胸，眼睛注视前下方；

两臂弯曲伸直。

【向上动作阶段】

曲臂将杠铃拉至胸腹之间位置；

两肘朝向身体两侧，腕关节伸直；

挺胸，保持膝关节弯曲角度；

使杠铃接触胸骨或腹部上部，杠铃位于最高位置时，肘部要高于身体。如图3-2（b）所示。

【向下动作阶段】

伸臂将杠铃缓慢放回开始位置；

挺胸，保持膝关节弯曲角度；

完成一组练习后，将杠铃放下。

【常见错误动作】

猛拉杠铃、耸肩、上体抬起、伸膝关节、屈腕拉杠铃、提踵拉杠铃。

【主要训练肌肉】

背阔肌、大圆肌、菱形肌、三角肌后部。

(a) (b)

图3-2 俯身提拉

(2) 坐位下拉

【起始姿势】
双手闭合式正握力量器手柄；
握距较肩略宽；
面对器械坐下；
双脚平放于地板上，两大腿放在垫子上；
躯干略向后靠；
肘关节充分伸展；
每次下拉的开始姿势都是如此。

【向下运动阶段】
朝着胸部上方，屈臂将把手拉至胸部，挺胸；
双脚、大腿和上体保持不动；
手柄要触到胸部。

【向上运动阶段】
伸臂将把手缓慢放回开始位置；
双脚、大腿和上体保持不动；
完成一组训练后，站起将负重片放回原来位置。

【常见错误动作】
握把手弯曲部分；
借助收腹下拉把手；
向上动作阶段，双臂没有伸直。

【主要训练肌肉】
背阔肌、大圆肌、菱形肌、三角肌后束。

(3) 坐位后拉

【起始姿势】
面对胸垫，将双脚放在训练器脚踏上；
屈膝屈髋，使身体向前移动，双手握住器械把手，采用窄握握距，掌心向下；
上体保持与地面垂直，必要时调节胸垫；
双手闭合式正握把手，手臂与地面平行，必要时可调节坐位高低；
肘关节充分伸直。

【向后运动阶段】
向胸部拉手柄；
保持躯干直立，两肘紧贴肋部；
将手柄尽量后拉。

【向前运动阶段】
保持两肘紧贴肋部，缓慢放拉手回到起始位置；
躯干保持原来姿势不变。

【常见错误动作】
猛拉把手或在向后运动阶段上体后倾；

向后拉把手时屈腕；
向前放把手时上体前倾。
【主要训练肌肉】
背阔肌、大圆肌、菱形肌、三角肌后束。
（4）器械伸背
【开始姿势】
坐在器械座椅上，将项背部置于器械背垫下；
调整臀部位置，使髋部与器械运动轴平行；
将双脚放在脚踏上；
双手握住把手或者座椅两侧。
【向后运动阶段】
保持大腿和双脚不动，伸展髋关节（使上体后倾）；
使项背部仅靠在背垫上；
双手紧握把手或座椅两侧。
【向前运动阶段】
屈髋使上体前倾，回到开始姿势；
使项背部紧靠在背垫上，保持大腿和双脚不动；
双手紧握把手或座椅两侧。
【常见错误动作】
在抬起上体时，双脚离开脚踏，或者借助双脚的力量；
上体抬起至最大幅度时弓背。
【主要训练肌肉】
竖脊肌。

3.肱二头肌

（1）屈臂
【起始姿势】
如图3-3所示：
双手闭合式反握杠铃；
握距与肩同宽，两小指能触到大腿外缘；
两脚开立，与肩同宽，膝关节微弯曲；
肘关节伸直，杠铃放在大腿前部；
上臂贴于身体两侧，与地面垂直。
【向上动作阶段】
屈肘使杠铃靠近肩部；
保持上体正直，上臂不动，膝关节微弯曲；
屈肘至杠铃与肩部距离10～15cm。

(a)　　　　　　(b)

图3-3　屈臂训练

【向下动作阶段】

伸肘缓慢将杠铃放回开始位置；

保持上体、上臂和两膝关节位于同一水平面。

【常见错误动作】

借助晃动上体、耸肩、伸膝、晃动杠铃、抬脚后跟等动作举起杠铃；

肘关节离开身体两侧（在举起或放下杠铃过程中）；

放下杠铃时肘关节没有伸直（活动幅度减小）；

借助放杠铃时的震动动作再次举起杠铃。

【主要训练肌肉】

肱桡肌、肱二头肌（着重练习）、肱肌。

（2）抢锤状屈臂

【开始姿势】

如图3-4（a）所示：

双手闭合式手持哑铃；

双脚分立与肩同宽、站直，双膝微屈；

肘关节充分伸直，哑铃置于大腿两侧；

两手掌对着大腿外侧（中间型抓握法）；

两臂靠近躯干，垂直于地面。

【向上动作阶段】

如图3-4（b）所示：

一臂做屈肘，直至哑铃距三角肌约10～15cm；

保持躯干直立，上臂固定；

保持哑铃的中间式抓握方法不变；

不能通过躯体运动辅助上举，也不能通过摆动哑铃利用惯性辅助上举。

(a)　　　　　　(b)　　　　　　(c)

图3-4　抢锤状屈臂

【向下动作阶段】

如图 3-4（c）所示：

肘关节缓慢伸直至起始位置；

保持哑铃的中间型抓握方法不变；

躯干、膝关节保持原来位置；

进行下一次重复运动时暂停一下；

用另一手重复向上和向下的运动。

【常见错误动作】

借助肩关节晃动来屈肘；

肘关节离开身体两侧；

在放下哑铃时，肘关节没有伸直。

【主要训练肌肉】

肱桡肌、肱二头肌（着重练习）、肱肌。

4.肱三头肌

（1）仰卧臂屈伸（本训练需要保护）

【开始姿势（训练学员）】

如图 3-5（a）所示：

用五点接触姿势，仰卧在长凳上；

在口令提示后，接过保护者手中的杠铃；

两手握住杠铃杆，采用窄握握距（距离约30cm），掌心向下；

两肘伸直，将杠铃置于胸部正上方，两臂平行；

两肘朝外。

【开始位置（保护人员）】

如图 3-5（a）所示：

练习者准备好后，保护者将杠铃从地上拿起，采用窄握握距（不能影响练习者握杠铃）；

上体保持正直，靠近长凳（不能干扰训练学员）；

两脚距离与肩同宽，双膝微屈；

练习者准备好后，将杠铃放在练习者手上；

引导练习学员伸直双臂，将杠铃放在胸部正上方；

双手缓慢离开杠铃。

【向下动作阶段（训练学员）】

如图 3-5（b）所示：

慢慢地屈肘，使杠铃向眼睛和额头方向靠近；

保持手腕紧张，两肘朝着脸部的面对方向；

上臂保持平行，并与地面垂直；

使杠铃接触额头。

保持这一动作5秒钟。

【向下动作阶段(保护人员)】

如图3-5(b)所示:

两手采用正反握姿势,一直跟随杠铃向下移动,保持随时都能握住杠铃,但并不接触杠铃;

两手跟随杠铃向下移动时,要屈膝屈髋,但背部要保持紧张,不能弓背。

【向上动作阶段(训练学员)】

如图3-5(c)所示:

伸直两肘,将杠铃举到原来位置;

保持手腕紧张,两肘朝着脸部的面对方向;

上臂保持平行,并与地面垂直;

保持五点接触姿势。

一组练习后,让保护者拿走杠铃。

【向上动作阶段(保护人员)】

如图3-5(c)所示:

两手一直跟随杠铃向上移动,保持随时都能握住杠铃,但并不接触杠铃;

两手跟随杠铃向下移动时,要缓慢伸膝伸髋,但背部要保持紧张,不能弓背;

一组练习结束后,在练习学员发出信号后,将杠铃拿走,放在地上。

(a)　　　　　　　　　(b)　　　　　　　　　(c)

图3-5　仰卧臂屈伸

【常见错误动作】

练习时两肘张开;

上臂与地面不平衡;

在向上运动阶段弓背,或臀部离开长凳。

【主要训练肌肉】

肱三头肌。

（2）直立下拉

【开始姿势】

双手握住器械把手，掌心向下，握距约15～30cm（推荐最窄握距，即握住把手后，两拇指可以互相接触）。如果采用最宽握距，两前臂平行；

上体正直，两脚与肩同宽，双膝微屈；

将把手拉下至上臂接触身体两侧，肘关节弯曲；

两前臂几乎与地面平行；

站在与器械靠近的位置上，使器械拉线与地面垂直；

头部保持正直，使鼻子与器械拉线对齐；

上体保持挺胸，上臂和肘关节贴在身体上；

腹肌在整个练习过程中始终紧张；

调整身体位置，使负重杠铃片悬空。

【向下动作阶段】

向下拉把手，直到肘关节弯曲伸直；

保持上体和上臂不动。

【向上动作阶段】

缓慢屈肘回到开始姿势；

保持躯干、上臂和膝关节不动；

一组练习完成后，将悬空的杠铃片放回。

【常见错误动作】

肘关节离开身体两侧（两肘在向下运动阶段后移，向前运动阶段前移）；

向下运动阶段身体前倾；

向下运动阶段用力锁肘；

练习时头部转动。

【主要训练肌肉】

肱三头肌。

5.小腿练习

（1）负重提踵

【开始姿势】

如图3-6（a）所示：

面对器械，将脚趾踩在木块的边缘，脚趾朝前；

站在杠铃的正中位置，上体保持正直；

双腿和双脚平行；

跖屈踝关节，将杠铃从器械架上抬起，要保证器械架不影响练习的幅度；

膝关节伸直，但不能发力；

脚后跟可以低于木块，使小腿三头肌处于牵伸状态，但要处于舒适位置。

【向上动作阶段】

如图3-6（b）所示：

使踝关节完全跖屈；

保持上体正直,双腿平行,膝关节伸直。

【向下运动阶段】

如图3-6(c)所示:

缓慢将脚后跟放回开始位置;

保持身体姿势不变;

一组练习完成后,屈膝将杠铃放在杠铃架上。

【常见错误动作】

使踝关节内翻或者外翻(例如,在向上动作阶段用大脚趾或小脚趾发力);

在向下动作阶段屈膝,或在向上动作阶段伸膝发力——借助腿部的震颤完成动作。

【主要训练肌肉】

比目鱼肌、腓肠肌(着重训练)。

(a) (b) (c)

图3-6 负重提踵

6.胸肌训练

(1)卧推

【开始位置(训练学员)】

如图3-7(a)所示:

用五点接触姿势,仰卧在长凳上;

双手握住杠铃,握距略比肩宽,掌心朝下;

提示保护者放开杠铃,并将杠铃置于胸部正上方,两肘伸直。

【开始位置(保护人员)】

如图3-7(a)所示:

上体保持正直,靠近长凳(不要干扰训练者);

两脚距离与肩同宽,双膝微屈;

采用正反握姿握住杠铃,握距小于训练者的握距;

训练学员发出提示后，协助将杠铃从支架中提出，到训练学员手臂伸直的高度；

引导训练学员将杠铃放在胸部正上方；

双手缓慢离开杠铃。

【向下动作阶段（训练学员）】

如图3-7（b）所示：

屈肘，使杠铃接触胸部；

两肘要低于躯干高度；

保持手腕紧张，手腕要位于肘部正上方；

前臂保持平行，并与地面垂直；

始终保持五点接触姿势，仰卧在长凳上。

【向下动作阶段（保护人员）】

如图3-7（b）所示：

两手采用正反握姿势，一直跟随杠铃向下移动，

保持随时都能握住杠铃，但并不接触杠铃；

两手跟随杠铃向下运动时，要屈膝屈髋，但背部要保持紧张，不能弓背。

【向上动作阶段（训练学员）】

如图3-7（a）所示：

将杠铃向上推起，至双臂完全伸直；

保持手腕紧张，并位于两肘正上方；

保持五点接触姿势；

一组练习结束后，提示保护人员协助将杠铃放在杠铃架上。

【向上运动阶段（保护人员）】

两手采用正反握姿势，一直跟随杠铃向上移动，

保持随时都能握住杠铃，但并不接触杠铃；

两手跟随杠铃向下移动时，要缓慢伸膝伸髋，但背部要保持紧张，不能弓背；

一组练习结束后，在训练学员发出提示后，用正反握姿势握住杠铃中间部分，协助其将杠铃放在杠铃架上。

(a)

(b)

图3-7 卧推

【常见错误动作】

借助杠铃落在胸部的弹力卧推；

臀部离开长凳；

头部离开长凳。

【主要训练肌肉】

胸大肌、三角肌前部、胸小肌、前锯肌、肱三头肌。

（2）仰卧飞鸟

【开始姿势（训练学员）】

如图3-8（a）所示：

以五点姿势仰卧在长凳上；

发出提示后，保护者将哑铃放在训练者手中，一次放一个，接近胸部；

握住哑铃，掌心相对；

在保护人员的协助下，将哑铃举至胸部正上方，两臂伸直并互相平行。

【开始姿势（保护人员）】

如图3-8（a）所示：

训练学员提示后，将哑铃放在学员手中，一次一个；

在训练者调整哑铃位置时，单腿或者双腿跪在地上，靠近长凳，不能干扰训练学员；

握住训练学员手腕；

训练学员提示后，协助他将哑铃举至胸部正上方；

双手缓慢放开训他的腕。

【向下动作阶段（训练学员）】

如图3-8（b）所示：

两臂以相同的速度向两侧张开，使哑铃接近胸部或肩的高度；

两个哑铃的把手要相互平行；

保持手腕紧张，肘关节要略微弯曲；

保持哑铃与肘部和肩部对齐；

始终保持五点接触姿势，仰卧在长凳上。

【向下动作阶段（保护人员）】

如图3-8（b）所示：

在训练学员放下哑铃阶段，两手要一直跟随哑铃向下移动，保持随时都能握住哑铃，但并不接触哑铃。

【向上动作阶段（训练学员）】

如图3-8（a）所示：

将哑铃从身体两侧举至胸部正上方，设想抱住一棵大树；

保持手腕紧张，肘关节微屈；

保持哑铃与肘部和肩部对齐；

保持五点接触姿势；

一组练习结束后，将哑铃缓慢放至胸部或腋窝处，提示保护者将哑铃移开。

【向上动作阶段（保护人员）】

如图3-8（a）所示，两手一直跟随哑铃移动，保证随时都能握住哑铃；但并不接触哑铃；

一组练习结束后，在训练学员发出提示后，将哑铃拿起放在地上。

【常见错误动作】

在练习中伸肘或屈肘；

臀部离开长凳；

(a)

(b)

图3-8 仰卧飞鸟

头部离开长凳；
将哑铃放至胸部以下。
【主要训练肌肉】
胸大肌、三角肌前束。

7. 臀部和大腿肌肉训练

（1）深蹲。
【开始姿势（训练学员）】
如图3-9（a）所示：
走到杠铃架下，两脚平行；
将杠铃杆置于三角肌后部，颈部下方；
收手握住杠铃杆，握距宽于肩部，掌心向下；
抬肘使上臂与地面平行，两手置于肩部外侧；
挺胸、抬头、展肩；
提示保护人员放开杠铃；
伸髋伸膝，将杠铃移出杠铃架，向后退或向前进一到两步；
两脚距离与肩同宽或比肩略宽，脚趾略微朝外；
两肘向后抬起，将杠铃放在肩上。
【开始位置（两个保护人员）】
如图3-9（a）所示：
站在杠铃的两侧，两脚与肩同宽，两膝微屈；
两手呈环形，握住杠铃两侧，掌心向上；
训练学员发出提示后，协助其将杠铃移出杠铃架；
上体保持正直，靠近长凳（不能干扰训练者）；
两人同时放开杠铃；
两手放在杠铃边缘正下方，距杠铃5～8cm；
当训练者后退时，随训练者一起移动；
当训练者位置固定后，保护者保持上体正直，两膝微屈姿势。
【向下动作阶段（训练学员）】
如图3-9（b）所示：
屈膝屈髋，保持上体姿势不变；
挺胸抬头，向后抬肘；
脚后跟着地，膝关节与脚在同一垂直面内；
屈膝屈髋，满足以下三个条件（要取决于训练学员的最大下蹲幅度）；
大腿与地面平行；
上体开始前倾；
脚后跟离地。
【向下动作阶段（保护人员）】
如图3-9（b）所示：
两手采用环形姿势，一直跟随杠铃向下移动，保持随时都能握住杠铃，但并不

(a)　　　　　　　　　　　　　　　(b)

图 3-9　深蹲时臀部和肌肉训练

接触杠铃；

两手跟随杠铃向下移动时，要屈膝屈髋，但背部要挺直。

【向上动作阶段（训练学员）】

如图 3-9（a）所示：

同时伸膝伸髋，保持上体与地面角度不变；

挺胸抬头，向后抬肘；

脚后跟着地，膝关节与脚在同一垂直面内；

伸膝直至呈完全站立姿势。

一组练习结束后，向前或向后移动，将杠铃放在杠铃架上。

【向上动作阶段（保护人员）】

如图 3-9（a）所示：

两手呈环形，一直跟随杠铃向上移动，保持随时都能握住杠铃，但并不接触杠铃；

两手跟随杠铃向上移动时，要缓慢伸膝伸髋，背部要挺直。

一组训练结束后，协助训练学员将杠铃放在杠铃架上。

【常见错误动作】

在向上动作阶段，脚后跟离地，上体前倾，向后仰头；

两膝外张或内扣；

手臂放松，肘关节向下或朝前。

【主要训练肌肉】

臀大肌、腘绳肌、股四头肌。

（2）大腿屈

【开始位置】

俯卧在器械板上，膝关节与器械的运动轴对齐；

将两脚放在器械圆垫下，如果圆垫位置可以调整，将其调至刚好接触到脚后跟位置；

此时，膝关节刚好位于座椅边缘外侧；

大腿、小腿和双脚保持平行；

双手握住器械把手或座椅板两侧。

【向上动作阶段】

大腿、小腿和两脚保持平行，屈膝至圆垫接触臀部；

上体保持不动；
双手握住器械把手或座椅两侧。
【向下动作阶段】
伸膝缓慢回到开始姿势；
臀部和背部保持不动；
上体保持不动；
双手握住器械把手或座椅两侧。
【常见错误动作】
在向上阶段，臀部抬起；
借助摆动力量屈膝；
向下动作阶段结束后锁膝。
【主要训练肌肉】
腘绳肌。
（3）负重前弓步
【开始位置（训练学员）】
如图3-10（a）所示：
双手握住杠铃，握距略比肩宽，掌心向下；
站在杠铃下方，两脚互相平行；
将杠铃杆置于三角肌后部，颈部下方；
向后抬肘将杠铃撑起；
挺胸、抬头、展肩；
略微抬头；
提示保护人员放开杠铃；
伸膝伸髋，将杠铃移出杠铃架，向后退两到三步；
两脚距离与肩同宽或比肩略宽，脚趾略微朝外。

【开始位置（保护人员）】
如图3-10（a）所示：
上体保持正直，靠近训练者，不能干扰训练者；
两脚距离与肩同宽，两膝微屈；
训练学员发出提示后，协助他将杠铃移出杠铃架；
随训练学员一同向后移动到训练位置；
当训练学员位置固定后，保护人员要保持上体正直，两膝微屈姿势；
将手放在训练者腰部。
【向前动作阶段（训练学员）】
如图3-10（b）所示：
一条腿向前跨出一大步；
上体保持正直；
后退膝关节可以微屈；
领先脚脚趾朝前或略微内扣，为保持平衡，脚可以略

图3-10 负重前弓步

微领先，保持膝关节、踝关节和髋关节在同一平面内；

缓慢使领先腿屈膝屈髋，后腿也随之屈膝屈髋，但幅度不要超过前腿；

领先脚同膝关节在同一平面内；

后腿继续屈膝，至膝关节与地面距离为3～5cm，此时前腿的膝关节90°，小腿与地面垂直；

将重心移到两腿中间；

上体与地面保持垂直，上体下降的幅度取决于个体髋关节的柔韧性。

【向前动作阶段（保护人员）】

如图3-10（b）所示：

与训练者的同侧脚同时向前跨出一步，脚之间的距离为30～45cm；

领先脚屈膝；

身体保持正直；

双手靠近杠铃杆，但不接触杠铃杆；

当训练者重心不稳时，予以保护。

【向后动作阶段（训练学员）】

保持上体姿势不变；

停顿片刻后，换另一条腿训练；

一组训练完成后，将杠铃放在杠铃架上。

【向后动作阶段（保护人员）】

如图3-10（b）所示：

与训练学员同时将领先脚收回；

双手靠近杠铃杆，但不接触杠铃杆；

当训练者重心不稳时，予以保护；

一组训练结束后，协助训练学员将杠铃放在杠铃架上。

【常见错误动作】

向前迈步幅度过小，使前腿的膝关节超过了脚；

向前动作阶段，上体前倾；

向后动作阶段，上体后移时动作过猛；

向后动作阶段，上体后移时动作不连贯。

【主要训练肌肉】

臀大肌、腘绳肌、股四头肌、髂腰肌（后腿）、比目鱼肌和腓肠肌（领先腿）。

8. 肩部肌肉训练

（1）肩上推（做此练习时，推荐使用有靠背的训练凳）。

【开始姿势（训练学员）】

如图3-11（a）所示：

坐在练习凳上，调节座椅高度，使大腿与地面平行；

当从杠铃架中取出或放回杠铃时，不要使杠铃的高度在头的顶部（座椅的高度过高），或半起姿势才能取出杠铃；

双手握住杠铃，握距略比肩宽，掌心向下；

提示保护人员放开杠铃杆，两臂伸直，将杠铃举至头部正上方。

【开始位置（保护人员）】

如图3-11（a）所示：

站在练习凳后面，两脚间距与肩同宽，如果位置较大，两膝可以微屈；

在训练者握住杠铃的内侧，用正反握姿势握住杠铃杆（也可握住训练学员的两个腕关节）；

在训练学员提示后，协助他将杠铃从杠铃架中取出；

引导训练学员将杠铃举至头部正上方；

双手缓慢离开杠铃杆（或腕部）。

【向下动作阶段（训练学员）】

如图3-11（b）所示：

缓慢向下屈臂；

腕部保持紧张，要采用使两前臂平行的握距；

将杠铃放在锁骨上，靠近三角肌前部；

用五点接触姿势，靠在长凳上。

【向下动作阶段（保护学员）】

如图3-11（b）所示：

当训练者放下杠铃时，保护人员用两手采用正反握姿势接近杠铃，要保持随时能握住杠铃，但不能接触杠铃；

缓慢屈髋、屈膝，跟随杠铃向下。

【向上动作阶段（训练学员）】

如图3-11（a）所示：

伸直双臂，将杠铃举起；

腕部保持紧张，并且要保持在肘部的正上方；

用五点接触姿势，靠在长凳上；

一组训练完成后，提示保护人员协助将杠铃放在杠铃架上。

【向上动作阶段（保护人员）】

如图3-11（a）所示：

保护者用两手采用正反握姿势接近杠铃，要保持随时能握住杠铃，但不能接触杠铃；

缓慢伸髋伸膝，跟随杠铃向上。

一组训练完成后，协助训练者将杠铃放在杠铃架上。

【常见错误动作】

向上举杠铃时，借助腿部的力量；

向上举杠铃时，过分弓背。

【主要训练肌肉】

三角肌前部和中部，斜方肌，肱三头肌。

（2）哑铃侧平举

【开始位置】

如图3-12（a）所示：

(a)

(b)

图3-11 肩上推的肩部肌肉训练

图3-12　哑铃侧平举的肩部肌肉训练

双手握住哑铃；

两脚距离与肩同宽或与髋部同宽，膝关节微屈，上体保持正直，展肩双眼平视；

将哑铃置于大腿前部，双手掌心相对；

略微屈肘，并在整个训练中保持这个姿势。

【向上动作阶段】

如图3-12（b）所示：

持哑铃向身体两侧举起，以上臂和肘关节领先，使上臂和肘关节略微高于前臂和两手，这一动作与从壶中倒水的姿势相似；

上体保持正直，膝关节微屈；

直至手臂接近与地面平行，哑铃接近肩部高度，在这个位置，两肘和上臂要略高于前臂和手部。

【向下动作阶段】

如图3-12（a）所示：

缓慢将哑铃放回开始位置；

膝关节微屈，眼睛平视前方。

【常见错误动作】

在训练过程中屈臂或伸臂；

借助耸肩、身体后倾、蹬地、伸膝的力量完成动作；

在向下动作阶段，身体前倾或重心前移。

【主要训练肌肉】

三角肌、斜方肌。

9.全身练习

杠铃高翻——此项训练分为四部分（第一次发力、过度动作、第二次发力、抓铃动作），期间没有停顿，整个动作一气呵成。

【开始姿势】

如图3-13（a）所示：

两脚距离与肩同宽，全脚掌着地，脚趾略微朝外；

下蹲后，用双手正握杠铃，助于两膝外侧；握距略宽于肩，手臂充分伸展；

将杠铃置于脚趾正上方，靠近胫骨位置，距离大约3cm；

身体保持挺胸，略微呈背弓姿势，斜方肌放松，略有牵引感，肩胛骨略收。

【向上动作阶段：过度动作】

髋关节继续向前运动，将杠铃拉至膝关节以上；

全脚掌着地，上体保持正直；

两肩在杠铃的正上方；

手臂伸直。如图3-13（a）所示。

【向上动作：第一次发力】

通过伸膝伸髋发力向上拉杠铃；

保持背部与下肢角度不变；
要先提肩，然后再抬髋；
保持背部挺直姿势不变；
垂直向上提拉杠铃，使杠铃尽可能靠近小腿；
充分伸展肘关节，头部保持正直，肩部要处于杠铃正上方的位置，并略微领先于杠铃。

【向上动作：第二次发力】
迅速有力的伸髋伸膝，将杠铃拉至大腿中上部；
保持上体正直，眼睛平视；
通过伸膝、髋和踝关节，做类似起跳动作，发力拉杠铃；
尽量延长杠铃在肩下方这一动作的时间，两肘朝外；
让杠铃靠近身体；
头部保持正直，并略微抬起；
肩部略微领先于杠铃；
双眼平视或略仰视。如图3-13（b）所示：

【翻铃】
旋转肘关节将杠铃翻至其上方；
同时，屈髋屈膝呈半蹲姿势；
当手臂位于杠铃正下方时，抬肘使上臂与地面平行；
将杠铃置于锁骨和三角肌前部；
保持上体正直，眼睛平视，背部略微背弓姿势并保持紧张；
略微屈膝屈髋，以缓冲杠铃的重量；
全脚掌着地，重心位于两脚中。如图3-13（c）所示：

(a)

(b)

(c)

图3-13　杠铃高翻训练

【放杠铃动作】

缓慢并有控制的将杠铃放在大腿上部；

屈膝、屈髋、下蹲；

保持上体正直；

将杠铃放在地上；

这一阶段的动作具有爆发性，上体要保持正直或略微后倾，头部略抬起，双脚可能在瞬间离开地面。

【常见错误动作】

在第一次发力时，先抬髋，后抬肩；

弯腰，特别是第一次发力时；

先伸膝发力，再伸髋发力，或同时发力；

提拉杠铃时，杠铃距身体过远；

在翻铃时，躯干形成弓形。

【主要训练肌肉】

臀大肌、腘绳肌、股四头肌、比目鱼肌、腓肠肌、三角肌、斜方肌。

三、抗阻训练的监护技术和建议

当训练者进行抗阻力量训练时，体能教练的首要任务是保护训练学员的安全。

除了教授正确的技术动作，体能教练还要充当保护人员的角色，不能让训练学员受到任何伤害。要在练习杠铃、哑铃等自由重量时施加保护，因为这些练习可能会因为失控而导致训练学员受伤。在进行组合器械训练时，可以不施加保护，只需要对练习的速度和动作幅度进行指导。

在训练者进行重复一定次数的训练时，如果因为力量不足而不能完成训练，体能教练应该在适当的时机加以帮助。这种帮助同安全性的保护应该加以区别。

以下四种训练需要加以保护，分别为：

- 头部上方练习（如站姿肩上推）；
- 面部上方练习（如卧推、仰卧臂屈伸）；
- 当杠铃置于颈背部或肩上时（如后蹲）；
- 当杠铃置于肩部或锁骨上时（如前蹲）。

保护技术主要有以下七个方面：

（1）头上练习或面部上方练习的保护

许多头上练习或面部上方的练习，都是在直立姿势（如肩上推、头后臂屈伸）或仰卧姿势（如卧推、仰卧飞鸟）下进行的。在这些训练中，保护人员所处位置的高度至少要高于训练学员的位置，才能有效地保护。如果训练学员所处的位置较高，就必须调整他们的练习位置。

（2）杠铃练习的保护

当训练学员用杠铃进行训练时，保护人员要用正反握的姿势持铃保护，这样可以更牢固地掌握杠铃。保护人员要尽量靠近训练学员，以便能够在最短时间内施加保护，而训练学员的背部要挺直，不能弯曲。保护人员还要注意两脚的姿势要稳定，在器械周围空间足够的前提下，要采用双脚前后站立的姿势。

(3) 哑铃练习的保护

许多保护人员对训练学员进行哑铃训练保护时，是对训练学员的上臂和肘部进行保护。如果这时发生哑铃脱落现象，就可能造成损伤。正确的保护姿势为：保护人员靠近训练者的腕部，接近哑铃的位置。当训练学员用双手或单手握住一个哑铃进行联系时，保护人员还要在哑铃处于最低位置时加以保护。

(4) 杠铃位于肩部前和肩部后的保护

用杠铃进行训练时，可以将杠铃放在肩后的颈背部或肩前的锁骨位置处。保护人员必须具备能够掌控杠铃的力量，同时不能低于训练学员的身高，才能具有更好的保护效果。为了使训练更加安全，最好在有固定杠铃支架的训练器中进行训练，可以将杠铃保护垫调整至略低于最低活动范围的位置上。

(5) 爆发力练习的保护

通常情况下，爆发力的训练是不用进行保护的。因为杠铃的速度很快，保护人员很难控制杠铃。因此，训练要在单独的范围内或举重台上进行。体能训练的教练要让训练学员掌握意外发生时的自我保护动作，如果杠铃落向身体后方，训练学员要向前方躲闪。另外，在训练区域内，不能有其他设备，避免受到杠铃的碰撞。

(6) 交流

训练学员和保护人员应当尽快互相交流，并告知自己的意图。如果训练学员在训练中需要帮助要及时告诉保护人员。训练学员要及时向保护人员告知意图，如放下杠铃、哑铃恢复原来姿势或放回支架上等。缺乏交流和提示，可能会干扰或危及训练学员，因此，训练学员和保护人员要在一组训练前进行充分的交流。

(7) 抗阻力量训练的其他安全注意事项

除了以上几点，体能教练还应该注意以下事项。

① 检查屋顶的高度能否进行上举训练。

② 在进行爆发力训练时，要检查杠铃片能否转动。

③ 进行杠铃训练时，要将杠铃片锁住，防止杠铃片滑落。

④ 使用固定器械选择重量时，要将插销全部插入孔中。

小组学习实践

1.组内讨论：

抗阻力量训练的原则。抗阻力量训练的几种适应情况和影响抗阻力量训练的因素。

2.组内实践：

请设计出针对发展胸大肌和三角肌的抗阻力量训练方法。两人结合为一组，互相充当训练者和保护者，完成一组抗阻训练，体验肌肉感觉，检查训练方法是否正确、精准，并记录在案。

1.抗阻力量训练的原则是什么？

2.抗阻力量训练的基本技术有哪些？

3.抗阻力量训练的监护技术和建议有哪些？

推荐阅读

阅读材料
抗阻力量训练的适应

1. 抗阻力量训练的基础适应

在研究抗阻力量训练的适应时,应该弄清楚急性适应和慢性适应之间的区别。急性适应指的是对运动产生的"反应",是训练后短时间内身体产生的变化。例如,在一项运动中,能源物质(例如磷酸肌酸)可能被耗竭。相反,慢性适应指的是重复训练之后身体产生的变化,能够在训练结束之后持续较长的时间。例如,长期抗阻力量训练导致肌肉增加,从而增加肌肉力的能力。

引起肌肉大小和力量增加的关键是超负荷训练,也就是说,神经肌肉系统必须承受超常的训练压力。骨骼和结缔组织系统的适应也是这样。递增负荷能够使肌肉承受更重的负荷,提示各种生理适应已经发生了。

大量文献介绍了抗阻力量训练超负荷的适应。在训练早期,超负荷训练能够快速增加肌肉的负重能力,提示在抗阻力量训练开始阶段运动单位的动员大量增加。科学研究显示,抗阻力量训练早期增加的力量增加主要与神经适应有关,另外,在这段时间里,肌肉蛋白质的质量(肌球蛋白重链和ATP酶)也会发生变化,使收缩能力更快更强。

尽管肌肉的大小主要由遗传因素来决定,但是很多研究指出抗阻力量训练使肌肉增粗。通常在抗阻力量训练开始8~12周以后才能测量到肌纤维的增粗。肌肉肥大和神经适应之间的关系在长期训练中继续存在。有关长期训练对肌肉增粗的作用研究很少,但是肌肉大小和力量增加的绝对值低于他们的遗传上限。然而,一生中都不断进行训练可以增加力量水平、生活质量以及延缓衰老。

抗阻力量训练中会出现各种细胞适应,包括无氧酶数量的增加、能源物质储备(糖原和磷酸原)的变化、肌原纤维蛋白质含量的增加(也就是肌动蛋白和肌球蛋白的增加)和肌肉非收缩蛋白质的增加。另外,中枢和外周神经系统的重要变化有助于动员运动单位产生特殊的力和功率。而且,其他生理系统(内分泌、免疫和心血管系统)产生各种变化来支持神经肌肉对抗训练产生的适应。所有这些适应都支持神经肌肉系统在身体力量、速度和功率能力上取得的提高。

2. 急性适应

在训练中和训练后短时间内神经肌肉系统发生的短期变化就是急性适应。本部分总结了抗阻力量训练的主要的急性适应,并特别探讨了神经、肌肉和内分泌系统的反应。题表3-1详细总结了抗阻力量训练的急性反应。

题表3-1 抗阻训练的急性适应

变量	急性适应表现
神经系统反应:	
肌电图幅度	增加
募集的运动单位的数量	增加

续表

变量	急性适应表现
肌肉的变化：	
氢离子含量	增加
无机磷含量	增加
氨的含量	增加
ATP含量	不变或少量减少
CP含量	减少
糖原含量	减少
内分泌的变化：	
肾上腺素含量	增加
皮质醇含量	增加
睾酮含量	增加
生长素含量	增加

3.慢性适应

慢性适应是训练后身体的结构和功能发生的长期变化。长期抗阻力量训练之后出现的一个普通适应就是肌肉力量和肌肉量的增加。力量和肌肉量的增加是受神经功能的影响的。另外，肌肉中酶和能源物质含量的变化可能影响肌肉的耐力。题表3-2详细总结了抗阻力量训练的慢性反应。

题表3-2 抗阻训练的慢性适应

指标	急性适应表现
肌肉外表：	
肌肉力量	增加
肌肉耐力	增加
肌肉功率	增加
肌肉的酶：	
磷酸原系统酶的浓度	可能增加
磷酸原系统酶的绝对值	增加
糖酵解酶的浓度	可能增加
糖酵解酶的绝对值	减少
肌肉能源物质：	
ATP浓度	可能增加
ATP绝对值	增加
CP浓度	可能增加
CP绝对值	增加
ATP和CP在运动中的变化	减少
乳酸在运动中的增加	减少

续表

指标	急性适应表现
肌纤维特征：	
Ⅰ型肌纤维的横截面积	增加（＜Ⅱ型）
Ⅱ型肌纤维的横截面积	增加（＞Ⅰ型）
Ⅱa型肌纤维的百分含量	增加
Ⅱb型肌纤维的百分含量	减小
Ⅰ型肌纤维的百分含量	不变
身体成分：	
脂肪百分比	可能减少
瘦体重	增加
代谢率	可能增加
神经系统的变化：	
最大主动收缩的肌电图幅度	可能增加
运动单位的募集	可能增加
运动单位的动员频率	增加
共激活作用	减少
结构的变化：	
结缔组织的力量	可能增加
骨密度/骨量	可能增加

4. 影响抗阻训练的因素

很多因素都能影响抗阻力量训练的适应，包括针对性、性别、年龄和遗传因素。这些因素能够影响身体产生的长期适应的幅度和速率。

运动训练具有高度的针对性，也就是说，身体对训练产生的适应能够增强特殊的运动类型的运动能力，而不是其他类型。例如，长跑对卧推运动几乎不起作用。但是，针对性原则也会影响抗阻力量训练的适应。在抗阻力量训练，静力性运动和动力性运动之间的关系很少。各种研究都观察了一种类型的抗阻力量训练对其他类型抗阻力量训练的影响。通常训练中采用的运动能够使力量获得较大的增加。例如，采用重物的抗阻力量训练比静力性抗阻力量训练的作用要大。静力性运动训练队动力性力量运动的作用很小。因此，抗阻力量训练对特殊运动的收缩模式具有针对性。

性别因素的影响体现在男性和女性的个体性别差异上。男性和女性对抗阻力量训练的反应大致相同，不存在着差别，但是，男性和女性在力量、肌肉力量和激素水平的数量上却存在着差异。拿肌肉力量来说，大部分性别差异都来源于身材和身体成分的不同。男性身材普遍大于女性，所以肌肉量不同，从而力量产生差异。相同地，女性体脂含量要高于男性，因此女性肌肉量较小。身材大小和体脂含量的差异主要是由激素水平引起的，最明显的差异就是睾酮和雌激素水平。但有一点必须注意，男性和女性下肢力量相似，而上肢力量男性明显高于女性。但是，如果比较单位瘦体重的力量时，性别差异就会减小，当比较每单位横截面积的力量时，可以忽略性别差异。而且，男性和女性的肌肉结构特征是相同的。因此，一定数量的肌肉产生力的能力似乎不受性别的影响。

在年龄老化的过程中,身体的所有系统都会产生各种不同的变化。神经系统也不例外,从30岁开始,肌肉量似乎开始逐渐减少,除了肌肉量减少之外,肌肉的质量也会随着年龄的增长而下降。也就是说,对于给定数量的肌肉来说,产生力的能力下降。在骨骼肌老化的过程中,高阈值的快收缩运动单位肌肉的减少更为严重。因此,在衰老的过程中,肌肉力量不仅减小了,而且爆发力也减小了。另外,大强度的抗阻力量训练可以减轻或者消除这些破坏作用。抗阻力量训练还能引起肌肉功能的显著提高。力量增加的幅度可以达到非常高的水平,Ⅰ型肌纤维和Ⅱ型肌纤维的肌肉大小都会增加。

在人和运动项目之间,更多的是由运动项目来选择人。有些因素不在个人的能力范围之内,不能使其产生改变。也就是说,人们受到遗传因素的影响。Ⅰ型肌纤维和Ⅱ型肌纤维的相对百分含量限制了肌肉的增粗情况以及爆发力或有氧耐力。在激素方面性别起到了重要的作用,进一步对肌肉增粗和力量增加有一定的限制。这些都是需要体能教练注意的。

5.过度训练

尽管增加训练量和训练强度能够给机体带来新的机能适应,但是超过一定强度时,就会对运动员造成损害。运动量和运动强度的不适宜可以导致过度训练。过度训练是由于训练过多而导致疲劳的一种状况,过度训练不仅不能增强力量和功率水平,还会导致运动能力的下降。

抗阻力量训练中有两种类型的过度训练,就是强度过度和量过大,然而每种都很难研究。但是明确的是过度抗阻力量训练会导致神经肌肉系统的功能下降。有实验发现,引起过度训练需要非常剧烈的运动,采用数量相对较低的大强度间隙训练就能引起过度训练。

过度训练的主要症状有力量提高幅度减小并出现平台期、睡眠不安、瘦体重减少、食欲下降、肌肉出现过度酸痛、食欲下降等等。所以对一名体能教练,要注意控制抗阻力量训练的训练量和训练强度。

第三节　肩关节防护性训练

在棒球、垒球、游泳、摔跤、柔道等运动项目中,运动员往往因为肩关节伤病无法提高竞技能力,这些伤病能避免吗?

肩关节的防护性训练应如何做?

基础理论

一、肩关节的解剖生理特征

（一）肩关节的组成

肩带主要是由肩胛骨、锁骨与肱骨三骨组成。三骨之间通过盂肱关节、胸锁关节、肩锁关节及肩胛胸臂关节彼此相连，构成纽带，使上肢与躯干相连。肩关节（盂肱关节）在肩带的四个关节当中，活动范围最大，也最灵活，承担着肩关节上臂活动的主要功能。

盂肱关节由肱骨头关节面与肩胛盂窝关节面所构成，属球窝型关节。

（二）肩关节周围的肌肉

肩关节周围肌肉复杂，共有16组肌肉，在肩关节损伤中，常常是一些小的肩关节肌肉群首先受到损伤，最终导致肩关节的严重损伤。肩关节周围的16组肌肉可以分为以下几类（参见图3-14）：

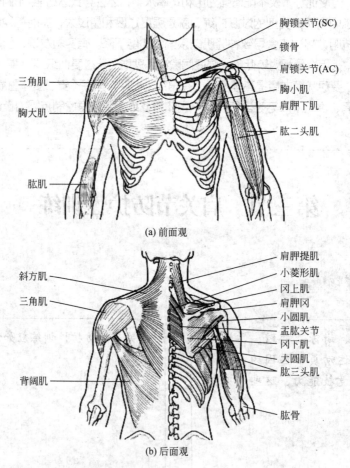

图3-14 肩部肌肉的结构和附着部位的前面观和后面观
（引自临床矫形评估指南[Champaign, IL：人体运动学]，P87）

1. 背部肌肉

背部肌肉包括：斜方肌、背阔肌。

2. 上肢带肌

上肢带肌包括：三角肌、冈上肌、冈下肌、大圆肌、小圆肌、肩胛下肌。

3. 臂肌

臂肌包括：肱二头肌、喙肱肌、肱三头肌。

4. 胸肌

胸肌包括：胸大肌、前锯肌。

5. 椎肩胛肌

椎肩胛肌包括：肩胛提肌、大菱形肌和小菱形肌。

（三）肩关节的约束装置

由于盂肱关节的骨性结构不足以将肱骨头稳定在肩盂所提供的盂窝内，其稳定的约束机制主要依赖于肩关节的附属约束装置即静力性制动装置与动力性约束装置而起作用。

1. 静力性约束装置

肩关节的静力性约束主要由肩关节的关节囊、（盂肱的）韧带、肩盂、盂唇及关节内负压等提供。

关节囊是关节的附属约束装置之一。肩关节的关节囊较大，不仅能弥补盂肱关节的骨性结构所造成的不足，还对肩关节起一定的静力性约束作用。韧带是肩关节主要的另一种静力性约束装置。盂肱韧带不仅对关节囊有明显的增厚加固作用，而且对关节的稳定具有十分重要的意义。

盂肱的韧带主要包括盂肱上韧带、盂肱中韧带及盂肱下韧带。它们随肩关节屈、伸及旋转角度的不同，起着各自不同的主约功能。当肩关节绕中性轴转动时，盂肱上韧带和盂肱中韧带对盂肱关节的移位起着相同的约束作用。而当上臂外展外旋时，盂肱下韧带则对肩关节的前移起主要的约束作用，而盂肱其余韧带的约束作用则转为其次，作用也大大减弱。

静力性（被动性）制动装置的主要功能是将肱骨头被动地约束在肩盂的适当位置，防止其过分地移位和旋转。

2. 动力性约束装置

对盂肱关节起稳定作用的动力性（主动性）制动装置由肩袖及肱二头肌长头腱承担。肩袖由冈上肌、冈下肌、小圆肌和肩胛下肌组成，它们均起于肩胛骨，在止点到达之前，形成肌腱，与关节囊融合后，止于肱骨的大小结节。主要起着引导与稳定盂肱关节的功能。据 Matsen 报道，动力性约束机制在约束肩关节过度移位的约束当中，其效能占40%。

盂肱的稳定离不开肩胛骨对其的稳定支持。稳定肩胛骨的动力性制动装置有前锯肌、背阔肌、菱形肌所组成。

二、肩关节损伤机制

肩关节是典型的球窝关节，由大而圆的肱骨头和小而浅的肩胛骨的关节盂构成。由于肩胛骨的关节盂比肱骨小得多，关节囊薄而松弛，关节腔大而宽，保护肩关节的韧带少而弱，因而是人体最灵活，运动幅度最大，也是稳固性较差的一个关节。肩关节的稳固，主要靠关节周围的肌肉作用，其内层的冈上肌、冈下肌、小圆肌和肩胛下肌等四块肌肉组成，分别从肩关节的上方、后方和前方跨过肩关节，部分腱纤维与关节囊和三角肌融合，远端分别止于肱骨大、小结节，形似袖口样包囊肩关节，故名肩袖。肩袖将肱骨头紧紧拉向肩胛盂，起着保护关节韧带的作用。此外，肩袖肌腱与周围骨组织间的空间非常狭小，在肩关节外展和旋转过程中，很易与周围组织发生摩擦与挤压。冈上肌处于肩袖的中央，它所承受的机械性应力最大，发生损伤的可能性也就更大。罩在关节上方，由喙突、喙肩韧带和肩峰组成的喙肩弓，防止肱骨向上方脱位。

由于肩袖既要协同肩部其他肌肉完成肱骨外展和不同方向的旋转，同时又要稳固肩关节，加之肩袖肌腱与周围组织的间隙非常狭小，在肩关节的反复旋转或超大范围的活动，引起肩袖肌腱和肩峰下滑囊受到肱骨头与肩峰或喙肩韧带的不断挤压、摩擦和牵扯，尤其是在上臂外展60°～120°时，这种摩擦与挤压最为严重，承受机械性应力最大的冈上肌肌腱，经长期的磨损可导致变性。在肌腱发生变性的基础上再遭到外力作用，就可能发生肌腱断裂，肩峰下滑囊也会因反复受到这种挤压而发生慢性损伤。

肩关节是全身大关节中最常发生脱位部位，习惯性肩关节脱位现在把它归于叫创伤性肩关节不稳。创伤性关节不稳是正常的肩关节遭受外力损伤后使其变得不稳定，而前脱位是最常见的盂肱关节脱位类型。运动员在主动用力或承受外力强制时，肩关节极度的外展和外旋，上臂后伸，造成肱骨头的顶压，致使前关节囊和韧带以及盂唇软骨的损伤，外力继续作用可使肱骨头向前脱位。

技术实训

一、肩关节的防护性训练

肩关节的稳定性主要依靠关节周围的肌肉作用，针对这个特点，加强肩部肌肉群的力量训练，对稳固肩关节防止损伤有积极意义。肩关节的防护性训练的基本原则是肩关节周围肌肉力量均衡发展，避免出现专项技术用力肌群过于发达而造成肩关节肌肉力量失调，对完成专项技术参与较少的肌肉要重点发展，对肩袖肌群要重点发展。

（一）肩部基础力量训练

1. 卧推练习

本练习主要训练胸肌和肱三头肌，增强胸部和肩部力量，可以使用杠铃或哑铃完成该练习，杠铃卧推练习可以进行比较大的负重，对发展肌肉最大力量效果较好，哑铃卧推练习可以更有效地锻炼肩部的稳定性和平衡能力。另外，在进行卧推练习时可以在平椅上进行，也可以在上斜板或者下斜板上完成。

技术要点如下。

（1）如图3-15（a）所示，运动员背部平躺于平椅上，双脚稳定地放于地面。

（2）双手握住杠铃，调整握距使其两手距杠铃中心位置等长，选取中心握距作为参考点，可以改变握距训练不同的肌肉，比如，握距稍宽，训练胸部外侧肌肉，握距较窄，则训练胸部内侧肌肉。

（3）如图3-15（b）所示，由一名保护者将杠铃从架上抬起，当重量均匀分布在胸部时，弯曲肘关节，将杠铃向胸部移动，控制重量。当杠铃接触胸部时将其推回起始位置。

（4）卧推过程中运动员保持呼吸，杠铃下落时吸气，上推时呼气。

(a) (b)

图3-15　卧推练习的肩部基础力量训练

2.肩上推举练习

同卧推练习一样，本练习也是运动员的肩部肌肉基本力量训练，所训练到的主要肌肉包括三角肌、肱三头肌和斜方肌；利用杠铃或哑铃都可以进行肩上推练习，但更推荐使用哑铃，因为这样可以增加肩关节的稳定性和平衡能力；可以采用坐姿或站姿进行该项练习。

技术要点：

（1）如图3-16（a）所示，练习开始前，将两个哑铃放于肩膀前方，掌心向外。

（2）缓慢上举哑铃，整个动作保持重量均衡。

（3）如图3-16（b）所示，伸直手臂完成上推，肘关节完全展开，哑铃超过头顶。

(a) (b)

图3-16　肩上推举的肩部基础力量训练

（4）控制好力量，缓慢放下哑铃，回到起始位置。
（5）借力推举过程中运动员保持呼吸，每次动作幅度做到最大。

3. 肩下拉练习

通常在组合训练器械上进行此练习，可训练到背阔肌、肱二头肌和肱肌等肩部肌肉。运动员可以通过改变握距的位置训练不同的肌肉，低手位窄握距主要训练背阔肌的内侧和肱二头肌，高手位宽握距主要训练背阔肌的外侧和前臂肌肉。

技术要点如下。

（1）练习开始前抓住杠铃，调整好握距。
（2）稍向后倾，使得头上方杠铃位于身体前方。
（3）将杠铃拉回胸部上方保持不动。
（4）缓慢回到起始位置，完成一次动作。在动作的最高点确保双臂伸直，充分地训练背阔肌。

4. 爆发俯卧撑练习

本练习非常适用于训练上肢肌肉的爆发力，包括胸部肌群和肱三头肌。由于该训练爆发性较强，腕部或肩部受伤的运动员不要进行。

技术要点：

（1）俯卧于地面的薄垫上，做俯卧撑姿势。
（2）快速上推身体使身体悬空，将整个体重垂直作用于地面，双臂完全伸展。通过固定核心肌群保持身体平直。
（3）由于重力作用身体自然下落，控制身体姿势，落地时要进行曲臂缓冲。
（4）重复若干次，练习要有爆发性，但是要保持身体姿势稳定。如果运动员无法保持一个标准的俯卧撑姿势，可以先训练上体力量和核心稳定性，再进行该项练习。

5. 坐式划船练习

本练习对于后背中间肌群的训练非常有益，尤其对菱形肌、肩胛固定肌以及肱二头肌。本练习一般借助组合训练器械进行，但是也可以在同伴协助下，两人同时握住粗缆绳或者毛巾的两端进行练习。该训练不仅仅是一个增强上肢肌肉力量训练，还是与许多上肢肌肉训练相关的多关节运动之一，可增强上肢肌肉的稳定性。

技术要点：

（1）运动员面对器械坐好，背部挺直；
（2）运动员双手握住手柄，缓慢将设定的重量拉向身体直至杆接触胸部下方，同时要保持背部挺直和稳定；
（3）控制力量回到起始位置，完成动作。

6. 直臂前平举练习

本练习训练三角肌前部肌群。

技术要点如下。

（1）如图3-17（a）所示，双腿直立，膝部稍弯，双臂伸直向上平举，拇指向上。
（2）如图3-17（b）所示，缓慢上抬哑铃，保持两臂伸直，直至与肩同高。
（3）保持该动作在最高点1s，然后缓慢放下。

图3-17 直臂前平举的肩部基础力量训练

7.肩侧举练习

本练习训练三角肌和斜方肌。

（1）如图3-18（a）所示，双腿直立，膝部稍弯，肘关节弯曲呈90°，将肘部放于身体两侧，拇指向上；

（2）如图3-18（b）所示，保持肘关节弯曲，缓慢向外抬起哑铃，直至与肩同高；

（3）保持该动作在最高点1～2s，然后缓慢放下。

图3-18 肩侧举的肩部基础力量训练

8.过顶侧举练习

本练习训练三角肌前部肌群。

（1）如图3-19（a）所示，双腿直立，膝部稍弯。

（2）开始前，哑铃放于臀部两侧，掌心向前。

（3）如图3-19（b）所示，缓慢向两侧举起哑铃，双臂稍弯，将哑铃抬高过肩，最后到达头部上方。

（4）保持该动作在最高点 1 ~ 2s，然后缓慢放下。

(a)   (b)

图3-19　过顶侧举的肩部基础力量训练

（二）肩部小肌肉群强化训练

在注重肩部大肌肉群力量训练的同时，也要同步发展肩部小肌肉群的力量。发展肩部小肌肉群力量训练的方法很多，其中用哑铃和弹性橡胶管进行肩部的各种运动练习，对提高肩部肌肉力量效果较明显，如持哑铃做两臂的上举、侧平举运动。这些练习着眼于通常发生在肩部和上背部的力量不均衡和薄弱区域，并且促进关节功能的完善以及增强动力链。在进行这些练习时需遵循一些基本原则：

- 负重要轻，您要训练的肌肉极其的小，使用较大的负重会导致其他肌肉的参与；
- 重视耐力。每次练习 2 ~ 3 组，每组 15 ~ 25 次。
- 控制动作。这并不是赛跑，看谁跑得最快。需采取缓慢而精细的动作并在每次练习开始时固定肩胛骨。
- 持之以恒。切记：仅仅因为运动员并未受伤并不能代表练习不重要，每个赛季均应把损伤防护放在首位。
- 避免疼痛。如果运动员有陈旧性损伤或者这些练习导致疼痛，则停止练习。

这些练习动作可能导致肌肉灼热感，但绝不会导致疼痛。

- 推荐训练量：左右肩关节每组动作 3×（10 ~ 15）次，每周 3 ~ 5 次。
- 训练关键：保持正确的体位和运动姿态，保证每一个动作的质量，如果运动员不能保持正确的姿势，请停止训练。

肩部小肌肉群强化训练常用练习方法10种介绍如下。

1. 侧卧向外旋转

运动员侧卧，在进行练习时可在手臂与躯干之间放一个小毛巾，使上臂保持水平，保持肘部弯曲使前臂与上臂呈直角并固定不动，如图3-20（a）所示；抬起手臂向外旋转到前臂竖直，如图3-20（b）所示；慢慢回到起始位置，重复练习。

(a)   (b)

图3-20 侧卧向外旋转

2. 肩部扩展

俯卧于台面，进行练习的手臂悬垂于地面，如图3-21（a）所示；大拇指指向外侧，手臂往后抬起至水平位置，如图3-21（b）所示；然后慢慢放下，重复练习。

(a)   (b)

图3-21 肩部扩展

3. 俯卧水平外展

俯卧于台面，进行练习的手臂悬垂于地面，如图3-22（a）所示；大拇指指向外侧，手臂侧向抬起至平行于地面，如图3-22（b）所示；慢慢放下手臂，重复练习。

图3-22 俯卧水平外展

4. 垂直外展位垂直外旋

俯卧于台面，肩部外展90°，一只手臂在桌面上起支撑作用，肘部弯曲呈90°，如图3-23（a）所示；使肩和肘部固定，向外旋转手臂，如图3-23（b）所示；慢慢回到起始位置，重复练习。

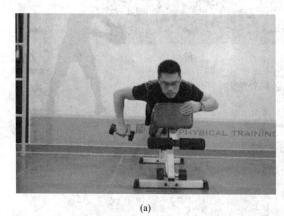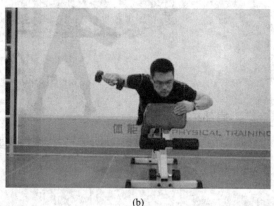

图3-23 垂直外展位垂直外旋

5. 侧上举练习

站立或坐立位，肘部伸直，拇指向下，如图3-24（a）所示；慢慢抬起手臂，如图3-24（b）所示；慢慢地放下手臂，重复练习。

6. 橡皮条旋外练习

站立位，将一块毛巾置于腋下，如图3-25（a）所示；使手臂离开身体，并在练习中保持手臂的位置，将肩部向外旋转，直到与身体垂直，如图3-25（b）所示；然后手臂克服橡皮条或橡胶管的阻力，慢慢回到初始位置，另外一只手放在进行练习的手臂肘部，以确保肩部只进行旋转运动，身体始终保持稳定。

7. 橡皮条90°外展位垂直外旋

站立位，上臂处于90°外展位置并保持与地面平行，如图3-26（a）所示；运动员握住橡皮条或橡胶管往后进行运动，肩部向外旋转直到前臂与上臂形成垂直位置，如图3-26（b）所示；然后使手臂慢慢回到初始位置，身体始终保持稳定。

图 3-24 侧上举练习

图 3-25 橡皮条旋外练习

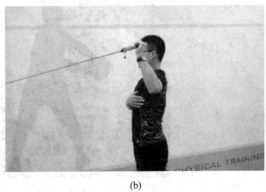

图 3-26 橡皮条 90° 外展位垂直外旋

8. 45°角直臂前上举练习

本练习训练肩胛下肌（外转）和三角肌后部肌群。

（1）双腿直立，膝部稍弯，两臂伸直，双手放于臀部，拇指朝下。如图3-27（a）所示。

（2）缓慢上举哑铃，在胸前向外分开45°角，不借助斜方肌上抬手臂。确认双肩位于正中，不高过耳部。如图3-27（b）所示；

图3-27　45°角直臂前上举练习

（3）与肩同高处保持1s后缓慢放下双臂。

9. 外向旋转练习

本练习训练冈上肌。

（1）双腿直立，膝部稍弯；

（2）肘关节弯曲呈90°，上臂与地面平行，双臂下垂，哑铃与腰部处在同一高度，如图3-28（a）所示；

（3）将哑铃向上翻转180°，与头部同高，如图3-28（b）所示；

图3-28　外向旋转练习

（4）在该最高点保持1s后缓慢放下。

10.斜上举练习

本练习训练肩袖肌群和三角肌。

（1）双腿直立，膝部稍弯；

（2）一手放于另一侧臀部，掌心向内，拇指朝外，如图3-29（a）所示；

（3）双臂伸直，沿对角45°向上举哑铃直至超过另一侧肩膀，拇指指向后方，如图3-29（b）所示；

图3-29 斜上举练习

（4）保持该动作在最高点保持1～2s，然后缓慢放下哑铃；

（5）换另一只手重复进行。

（三）肩关节稳定性训练

肩关节稳定性训练是运动员通过功能性练习提高肩部稳定性的既安全而又有成效的方法。功能性训练整合了一系列多关节练习，更直接地模仿运动项目中的动作。这套常规训练非常适用于防止肩带受伤，同时提高腰背部和腹部力量。由于这些练习同时训练躯干和肩部，它们适用于多数运动项目的运动员。

1.前臂俯卧撑练习

本练习训练肩胛固定肌、前锯肌和腹部肌肉。

（1）俯卧于地板上；

（2）保持身体挺直，前臂支撑起身体，同伴如图3-30中所示给予一定的阻力；

（3）收紧肩带肌群及躯干，保持该姿势30s；

（4）重复该练习两次，逐步将每次保持时间延长至1min。

图3-30 前臂俯卧撑练习

2. 前臂侧推练习

本练习训练肩胛固定肌、前锯肌和腹部肌群。

（1）侧躺于地板上。

（2）身体挺直，保持侧卧同时用一侧前臂撑起身体。身体与地面呈30°～45°角。

（3）同伴将双手放于其身体上方，施加阻力。

（4）收紧肩带肌群和躯干，与阻力呈反方向上推，如图3-31所示。

（5）保持该姿势30s。

（6）每侧重复2次，逐步将每次保持时间延长至1min。

3. 前臂反推练习

本练习训练肩胛固定肌、前锯肌和腹部肌肉。

（1）仰卧在地板上；

（2）保持身体挺直、后背平躺姿势，用前臂撑起身体，如图3-32所示；

图3-31　前臂侧推练习

图3-32　前臂反推练习

（3）同伴双手放于其臀部，施加阻力，与阻力成反方向上推；

（4）收紧肩带肌群和身体，保持该姿势30s；

（5）重复2次，逐步将每次保持时间延长至1min。

4. 箱上"行走"练习

本练习训练胸肌、肱三头肌、肩胛固定肌和前锯肌。

（1）将3或4个箱子呈弧形放于地板上，两箱间隔50～60cm。箱子高度为10～20cm；

（2）以俯卧撑姿势，从弧线一侧开始；

（3）抬起距箱子最近的一只手臂，"走到"第一个箱子上面，如图3-33（a）所示；

（4）双手都放到第一个箱子上后，将双手挪到地板上，如图3-33（b）所示；再用相同的方法走到第二个箱子；

（5）依次走过全部箱子后，返回到第一个箱子处，完成一次练习；

（6）进行2到3组，每组来回2次；

（7）保证移动过程中姿势保持不变；

（8）从10cm高的箱子开始，逐步提高到20cm。

(a)　　　　　　　　　　　　　　(b)

图3-33　箱上"行走"练习

小组学习实践

1. 组内实践：
请对每一种肩关节的防护性训练进行实践，注意肩关节角度和身体姿态。
2人1组进行相互指导性肩关节防护性训练，并对照教材严格规范同伴动作。
2. 组内讨论：
请列举6种肩关节防护性训练，并详细描述每一种技术动作细节。

　　几乎所有的竞技体育运动都是复合型运动，即运动员或者运动器械在多维平面内进行运动，同时这种运动也是多个关节共同参与产生的。人体的几个部位通过关节连接而组成一个的复合运动结构称为运动链，链条中每一个环节的运动都与运动链的其他部分紧密相关，相互配合，相互制约。运动链在关节康复治疗中具有重要的运动学与生物力学意义。

　　肩关节是人体最为灵活的关节，是人体运动链中重要环节，同时它也是最脆弱的关节之一，在运动员中肩关节运动损伤非常常见，主要以肩袖损伤、肩峰下撞击综合征和肩关节不稳等症状为主。现代体能理念认为在人体的运动链中任何一个部分出问题都会导致整个运动链失调，肩关节是整个环节中最重要的部分之一。随着对运动链认识的不断深化，许多专家提出了运动链关键环节要进行"防护性"训练，也就是说针对这些关节要进行专门的强化训练，以提高关节的稳定性，降低损伤的发生的风险，为运动员进行高强度训练打下良好的基础。

阅读材料

一、肩关节周围肌肉

1. 背部肌肉

斜方肌：起自上项线、枕外隆凸、项韧带、第7颈椎和全部胸椎的棘突，全肌止于锁骨的外侧处1/3部分、肩峰及肩胛冈。作用：使肩胛骨向脊柱靠拢，上部肌束可上提肩胛骨，下部肌束可下降肩胛骨。如肩胛骨固定，两侧同时收缩可使头后仰。

背阔肌：以腱膜起于下部胸椎的棘突、胸腰筋膜、骶正中嵴和髂嵴后份等处，肌束走向外上方，以扁腱止于肱骨的小结节嵴。作用：使肩关节内收、旋内和伸。当上肢上举被固定时，可上提躯干。

2. 上肢带肌

三角肌：起自锁骨的外侧段、肩峰和肩胛冈，肌束覆盖肩关节，并向外下方集中，止于肱骨的三角肌粗隆。作用：使肩关节外展；前部肌束收缩可使肩关节屈曲和旋内，而后部肌束收缩则可使肩关节伸和旋外。

冈上肌：位于冈上窝，居斜方肌的深面。起自肩胛骨的冈上窝，肌束向外经喙肩韧带的下方，越过肩关节的上方，止于肱骨大结节的上部。作用：使肩关节外展。

冈下肌：位于冈下窝，肌的一部分被三角肌和斜方肌遮盖。起自冈下窝，肌束向外经肩关节后面，止于肱骨大结节的中部。作用：使肩关节旋外。

小圆肌：位于冈下肌的下方。起自肩胛骨外侧缘上2/3的背侧面，止于肱骨大结节的下部。作用：使肩关节旋外。

大圆肌：位于小圆肌的下方，其下缘被背阔肌包绕。起自肩胛骨下角的背面，肌束向上外方移行为肩腱，与背阔肌一同止于肱骨的小结节嵴。作用：与背阔肌相似，使肩关节内收、旋内和伸。

肩胛下肌：位于肩胛骨前面，起自肩胛下窝，肌束向上外，经肩关节的前方，止于肱骨小结节。作用：使肩关节旋内。

3. 臂肌

肱二头肌：长头以长腱起自肩胛骨的盂上结节，通过肩关节囊，经结节间沟下降；短头在内侧，起自肩胛骨的喙突。两头在臂中部合成一个肌腹，下端以止腱经肘关节前面止于桡骨粗隆。作用：屈肘关节；当前臂屈曲并处于旋前位时，为前臂有力的旋后肌，此外，还能协助屈肩关节。

喙肱肌：位于肱二头肌短头的后内方。起自肩胛骨的喙突，止于肱骨体中部的内侧面。作用：使肩关节屈曲和内收。

肱三头肌：长头起自肩胛骨的盂下结节，经大、小圆肌之间向下；外侧头起自肱骨后面桡神经沟外上方的骨面；内侧头起自桡神经沟内下方的骨面。3个头合成肌腹后，以一共同腱止于尺骨鹰嘴。作用：伸肘关节，长头还能使肩关节伸和内收。

4. 胸肌

胸大肌：起自锁骨的内侧半、胸骨和上6个肋软骨以及腹直肌鞘前层。各部肌束向我聚合，以扁腱止于肱骨大结节嵴。作用：使肩关节内收、旋内和屈，上肢固定则可上提躯干；也可上提肋以助吸气。

前锯肌：以8～9个肌齿起自上位8～9个肋骨的外面，肌束斜向后上内方，绕胸廓侧壁和后壁，经肩胛骨的前面，止于肩胛骨内侧缘和下角的前面。作用：拉肩胛骨向前并使其紧贴胸廓；下部肌束使肩胛骨下角旋外，助臂上举；当肩胛骨固定时，可上提肋以助吸气。

5. 椎肩胛肌

肩胛提肌：起自上位3～4颈椎横突附着于肩胛骨内侧角及内缘的上部。作用：能上提肩胛骨。如使止点固定，一侧肌肉收缩，可使颈屈曲，头部向同侧旋转。

大菱形肌和小菱形肌：与肩胛提肌属同一肌层而在其下方。小菱形肌呈窄带状，起自下位二个颈椎棘突，附着于肩胛骨内缘的上部。大菱形肌扁阔，呈菱形，起自上位四个胸椎的棘突，向外下，几乎附着于内缘的全长。作用：大、小菱形肌能内收、内旋肩胛骨，并上提肩胛骨，使之接近中线。

第四节 膝关节的防护性训练

在生活中，你会发现很多人患有不同程度的膝关节损伤，作为一名健身教练，你应该如何帮助他们？

一、膝关节的解剖生理特征

（一）膝关节的组成

膝关节是人体中最复杂的关节，它由股胫关节和股髌关节构成，属于椭圆屈戍关节。股胫关节由股骨和胫骨相应的内、外侧髁关节面构成椭圆关节；股髌关节由股骨的髌面和髌骨关节面构成屈戍关节。股胫关节头大、关节窝浅，使两关节面不相适应，关节囊薄而松弛，由于膝关节有一系列关节的辅助结构，因此，它还是人体中相当稳固的关节。但关节腔内的交叉韧带和半月板在激烈运动中却容易损伤，由于半月板随膝关节运动而移动，因此，在急剧强力运动时，可造成损伤；由于内侧半月板与关节囊及胫侧副韧带紧密相连，因此剧烈运动中内侧半月板更容易受伤。

骨骼构成了膝关节的主要结构、附着面和发力部位，韧带连接骨骼，起到稳定膝关节的作用。若韧带撕裂，关节的稳定性就会受到影响，韧带的供血能力较差，所以当其被撕裂时，很难治愈，通常需要手术治疗，这就是需要加强周围肌肉的重要性所在，肌肉力量增加可以更好地稳定膝部，减少膝部处韧带的疼痛。

肌肉通过肌腱附着在骨骼上，骨骼上的肌腱可以帮助肌肉移动骨骼。肌腱的供血能力比韧带和软骨要好，所以受伤后其愈合也很快，但肌腱容易发生劳损并发症，这与它们附着的位置和运动时所承受的负荷有关。

软骨是骨骼表面区域，起到关节的缓冲作用，与韧带一样，软骨供血较差，愈合缓慢。保持软骨的完整性对于运动员的运动生涯的长短至关重要。膝部软骨分为两个独立的部分，每一部分的作用各不相同。

透明软骨位于长骨的末端和髌骨表面，它就像润滑剂一样，关节运动时更加灵活。它还起到保护关节表面的作用。软骨随着时间的推移不断磨损，运动员会出现疼痛、骨擦音（摩擦音），甚至骨刺。缺乏肌肉支持力量会导致肌肉发育不均衡而磨损透明软骨，髌骨下侧与股骨头的连接处的透明软骨便是其中之一。

纤维软骨是膝关节中一种强韧的纤维软组织，由于形似半月而被称做半月板，其主要作用有两个方面，首先半月板在落地、跳跃、跑动或者变向运动时对膝部起到缓冲作用；另外半月板位于腿骨和胫骨连接处的表面区域，起到增大关节杠杆的力学作用，有利于关节的运动。

（二）膝关节周围的肌肉

运动膝关节的肌肉，主要起自股骨或骨盆，肌束跨越膝关节，止于小腿骨。在近端固定和远端固定收缩时，可使膝关节运动，按膝关节的运动形式，将运动膝关节的肌肉分为屈肌、伸肌、旋内肌和旋外肌四个肌群。

1. 股四头肌（股前伸肌群）

股四头肌位于大腿前面，是人体中体积最大的肌肉之一，共有四个头，股直肌、股中肌、股外侧肌和股内侧肌。

股直肌：位于大腿前面皮下，双关节肌，起于髂前下棘，止于胫骨粗隆。

股中肌：位于股直肌深层，起于股骨体前面，止于胫骨粗隆。

股外侧肌：位于大腿前外侧，起于股骨粗线外侧唇，止于胫骨粗隆。

股内侧肌：位于大腿前内侧，起于股骨粗线内侧唇，止于胫骨粗隆。

股四头肌在各种运动项目中，是下肢蹬伸的重要肌肉，四头下行合并为一腱，包绕髌骨的前面和两侧，继而向下延为髌韧带，当近端固定收缩时，使小腿在膝关节处伸，股直肌可使大腿在髋关节处屈；远端固定收缩时，使大腿在膝关节处伸，维持人体直立姿势。

2. 股后屈肌群

使膝关节屈的肌肉，主要有半腱肌、半膜肌、股二头肌、股薄肌、缝匠肌和腓肠肌等，在近端固定收缩时，可使小腿在膝关节处屈，远端固定收缩时，可使大腿在膝关节处屈。

3. 使膝关节旋内的主要肌肉

使膝关节旋内的肌肉，主要有大腿后面内侧的半腱肌、半膜肌、缝匠肌、股薄肌及小腿后面内侧的腓肠肌内侧头。在近端固定收缩时，可使小腿在处于屈位状态下的膝关节处旋内。

4. 使膝关节旋外的主要肌群

使膝关节旋外的作用肌，主要有大腿后外侧的股二头肌和小腿后面外侧的腓肠肌外侧头。在近端固定时收缩，可使小腿在屈位状态下的膝关节处旋外。

本书上述内容可参见图3-34（a）(b)(c)各图。

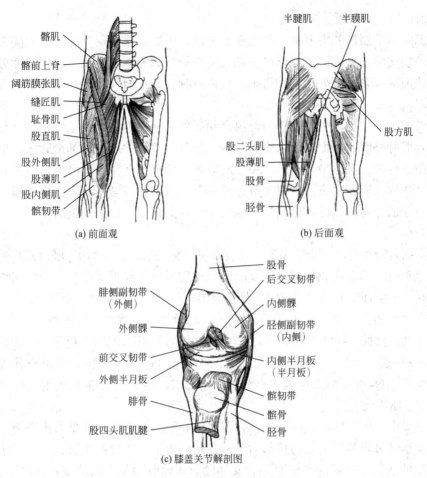

图3-34　下肢膝关节的解剖生理特征

资料来源：临床矫形评估指南[Champaign，L：人体运动学]，155，161，经J.Loudon，S.Bell，J.Johson批准于1998年再版。

二、膝关节损伤机制

膝关节是全身中结构最复杂、最大，所受杠杆作用力最强的一个关节，运动损伤最为多见。膝关节主要生理活动为屈伸，范围大约为0°～150°，在这一屈伸的过程中伴有轻度的内外旋转，在日常活动中膝的伸屈旋转与髌骨的运动之间是很协调的。但是在临床上，膝由于某种伤病，如半月板撕裂，破坏了膝关节之间的协调运动；或在运动训练手段上，或某些项目中的特殊技术要求，如运动员经常使用下肢支撑旋转（膝外展外旋突然伸直）的蹬腿动作，就不是胫股与髌股关节间的协调动作，这样就很易引起关节面间不合槽的磨损，发生软骨病。

膝关节半月板损伤都是与"半月板矛盾运动"有密切关系。因为在膝关节屈伸运动时，半月板固定于胫骨上，并随其一同在股骨上运动。如屈曲时半月板向后，伸直时半月板向前方移动。但当膝关节屈曲并旋转时，半月板又与股骨一同在胫骨上运动。例如股骨内旋（即小腿外旋）时，内侧半月板后移，外侧半月板前移。因此，如果在股骨旋转的同时，膝又突然伸直或屈曲，则半月板前后角之间即产生矛盾着的方向不同的力量，甚而将半月板撕裂,即所谓的"半月板矛盾运动"。

膝内侧副韧带损伤的主要机制是当膝屈曲时,小腿突然外展外旋,或大腿突然内收内旋时产生。损伤的力量不同,可以产生膝内侧副韧带部分断裂和完全断裂,部分断裂时后斜束断裂比前纵束多,膝外侧副韧带损伤较内侧副韧带损伤少得多,即使发生也不如内侧严重。

膝关节前十字韧带(ACL)分为前内束和后外束两束,其纤维呈螺旋形走行,附着于胫骨棘前及股骨外髁的内面。两束交叉扭转,在膝关节过伸或过屈都最紧张,半屈曲位稍松弛。其中后外束在膝关节屈0°~30°最紧张,对防止小腿过度内收内旋及胫骨髁向前错位起主要作用。而前内束则于膝关节屈至90°位以后才较紧张,有防止小腿外展外旋及胫骨向前错动的作用,因此,导致外侧副韧带或内侧副韧带损伤的机制都可同时损伤前十字韧带。

后十字韧带较粗大,后十字韧带损伤较少见,膝关节屈曲至110°胫前部受撞,这时胫骨平台呈水平位,腘后诸肌如腘绳肌及腓肠肌分别垂直于胫骨及股骨,失去保护膝关节的作用,只有后十字韧带最紧张,这时胫骨前受撞可使后十字韧带单独断裂。

最新研究表明,女性的ACLs比男性的小,这就增加了她们受伤的概率。由于ACLs较小,相比男性,女性支撑膝部的肌肉力量较小,比赛过程中ACLs负荷增加,所以女运动员的ACLs更易撕裂。此外,男女运动员的股四头肌角(Q-角)不同,它是股骨进入膝盖骨的角度,女性的Q-角对ACL撕裂占有相当大的影响,事实表明Q-角大更易引起髌骨运动轨迹异常和前膝受伤。

女运动员面临的生理机制问题是,股四头肌和股后屈小腿肌群受力不平衡也会导致膝部受伤。女运动员容易把主要的膝部力量和稳定性集中放在股四头肌肌群上,而不会把力量平均在股四头肌和股后屈小腿肌上。女运动员落地时腿部弯曲较少,直接落在地面上,这样会增加地面的反作用力,也就增加了对关节的力量——不仅仅是对膝关节,还有脚踝和臀部。

事实表明女运动员需要加强神经肌肉控制,避免脚踝、膝部和臀部受伤。研究证实增加测试平衡能力和神经肌肉控制能力测定的女运动员受伤的风险大大降低。

造成女运动员下肢受伤的另一个原因是,女性接受运动训练的能力较差,运动训练在运动生涯早期便非常重要。教练需要训练年轻运动员一些基本的动作要求,包括跑动、快速脚法训练、停跑、起跑、跳跃和力量训练。

 **技术实训**

膝关节的防护性训练

由于膝关节的稳定性与牢固性都与关节周围的肌肉力量及其相互间协调作用直接相关,因此加强膝关节周围肌肉群的力量训练和本体感觉训练,对稳固膝关节和防止运动损伤有积极意义。下肢训练项目的主要目的是增加关节的力量和稳定性、通过将多关节训练项目加入功能运动中以增强运动员的运动能力、提高股后屈小腿肌力量、加强平衡训练。膝关节防护性训练的基本原则是膝关节周围各组肌肉力量均衡发展,避免出现专项技术用力肌群过于发达而造成膝关节肌肉力量失调,对相对薄弱的肌肉要重点发展,如对股后肌群的力量要重点发展。另外很多时候我们要考虑下肢的整体性原则，即不仅要重视膝关节的各种训练，同时要兼顾到髋关节和踝关节的各种力量与稳定性训练。

（一）基础力量训练

1. 后深蹲练习

后深蹲练习下肢是最基本和最重要的力量训练之一，它是一个多关节复合型练习，几乎适用于各个项目的运动员。多关节练习是指在动作构成中需要依靠两个或更多关节参与运动，同时动用大肌群进行做功的力量练习，大多数的多关节练习均是功能性的，也就是说，它们更接近于实际运动项目中的动作，同时整合了运动中所需的各种平衡性和稳定性因素。例如，后深蹲练习主要运动臀部两侧肌肉、膝关节周围肌肉和踝关节周围肌群；但是在组合训练器械上进行伸展膝部练习只是一个单关节练习，它仅训练到膝关节周围的肌肉，对平衡和稳定性的要求也很低。

后深蹲技术要点：

（1）如图3-35（a）所示，将杠铃平放于颈后肩部，调整握距，两手距杠铃中心等长，杠铃两边保持平衡。

（2）两腿分开，与肩同宽或略宽于肩，两脚平行站立或脚尖稍向外打开，做动作过程中保持稳定的站姿。

（3）头稍稍上抬，后背挺直，弯曲双腿往下蹲，直到大腿与地面平行，如图3-35（b）所示，膝盖不能超过脚尖。

(a)   (b)

图3-35　后深蹲练习

（4）选用的重量要使运动员可以通过姿态下蹲到大腿平行于地面；循序渐进地增加重量。

（5）一定明确在进行后深蹲力量练习时，正确的技术和下蹲的深度比所举的重量更重要。

2. 前深蹲练习

前深蹲练习同样属于多关节力量练习，主要训练股四头肌、臀肌、股后屈小腿肌和腰骶肌群，对大腿前侧肌肉的刺激比后深蹲练习更加明显，是非常重要的下肢力量练习之一，是进行爆发式奥林匹克举重练习前必须掌握的力量训练内容。

其技术要点：

（1）将杠铃平放于颈前肩部，调整握距，两手距杠铃中心等长，杠铃两边保持平衡，如图3-36（a）所示；

（2）两腿分开，与肩同宽或略宽于肩，两脚平行站立或脚尖稍向外打开，做动作过程中保持稳定的站姿，如图3-36（b）所示；

（3）头稍稍上抬，后背挺直，弯曲双腿往下蹲，直到大腿与地面平行，膝盖不能超过脚尖，如图3-36（c）所示；

（4）选用的重量要使运动员可以通过姿态下蹲到大腿平行于地面，循序渐进地增加重量；

（5）一定要明确在进行前深蹲力量练习时，正确的技术和下蹲的深度比所举的重量更重要。

(a)　　　　　　　　　　　(b)　　　　　　　　　　　(c)

图3-36　前深蹲练习

3. 罗马尼亚硬拉练习

罗马尼亚硬拉也叫直腿硬拉，是一项重要的下肢多关节练习内容，主要训练后背部肌群、股后屈肌群和臀部肌肉的力量与稳定性。罗马尼亚硬拉和前深蹲练习一样也是向爆发式奥林匹克举重练习过渡的练习。其技术要点如下：

（1）双脚平行稳定站立，与髋同宽，身体正直，重心平分在两腿上，膝部稍稍弯曲；

（2）腰背保持挺直，躯干正直，双手正握抓住杠铃，与肩同宽，肘部伸展，将杠铃贴近身体，如图3-37（a）所示；

（3）背部保持平直，缓慢向前弯曲躯干，感觉臀部向上提升，膝部或者脚踝始终保持原有姿态，使杠铃紧贴身体移动，直至感到股后屈小腿肌或者后背得到很好的拉伸；

（4）当杠铃片接触到地面后，改变杠铃运动方向，仍然保持背部挺直和膝部弯曲，沿着原动作轨迹将杠铃拉起，循序渐进地增加重量，如图3-37（b）所示；

（5）一定明确在进行罗马尼亚硬拉练习时，正确的技术比所拉起的重量更重要。

图 3-37　罗马尼亚硬拉练习

4. 传统硬拉练习

传统硬拉也叫屈腿硬拉，同样是一项重要的下肢多关节练习内容，主要训练后背部肌群、股后屈肌群和臀部肌肉的力量与稳定性，与罗马尼亚硬拉相比，传统硬拉对臀大肌和股后肌群刺激更明显一些。传统硬拉同样是向爆发式奥林匹克举重练习过渡的重要练习之一，准确地进行这一练习可以使运动员掌握如何安全地将杠铃从地上抓起并控制动作。其技术要点如下：

（1）双脚平行稳定站立，与髋同宽，身体正直，重心平分在两腿上，膝部弯曲，如图 3-38（a）所示；

图 3-38　传统硬拉练习

（2）腰背保持挺直，躯干正直，双手正握抓住杠铃，与肩同宽，肘部伸展，将杠铃贴近小腿，如图3-38（b）所示；

（3）伸展髋关节，然后是膝关机和踝关节，向上提起杠铃，保持胸部超前，肩部后拉，直至身体直立，如图3-38（c）所示。

（4）改变杠铃运动方向，仍然保持背部平直和收紧，沿着原动作轨迹将杠铃放下，循序渐进地增加重量；

（5）一定明确在进行传统硬拉练习时，正确的技术比所拉起的重量更重要；

（6）如果在进行此项练习过程中腰背发生弯曲或者肩膀向前趴，则进行股后屈小腿肌和背部竖脊肌的柔韧性训练，再进行这项练习。进行柔韧性训练时，确定使用较轻的重量，对着镜子进行练习，确保动作的准确性。

5.夹球腿部伸展练习

夹球腿部伸展练习可以训练到股四头肌和内收肌（大腿内侧肌肉），此项练习在专用训练设备上进行，属于远端固定的多关节练习。运动过程中运动员双腿夹住一个1～2kg的实心球，通过膝部伸展训练膝关节周围肌群，在大幅度的动作中内收肌等长收缩稳定臀部肌群。其技术要点如下。

（1）将一个小健身实心球（1.5～2kg）夹于两大腿之间；

（2）背部平躺在器械的靠背上，双脚放在器械挡板上，膝关节呈90°弯曲，双手握紧把手，如图3-39（a）所示；

（3）双腿尽可能夹紧球，用力蹬伸将双腿伸直，如图3-39（b）所示；

（4）缓慢回到开始位置，膝部弯曲到90°，再次进行蹬伸。

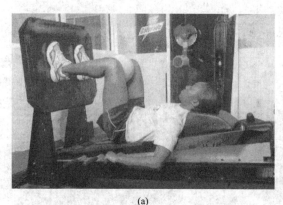 

(a)   (b)

图3-39　夹球腿部伸展练习

6.坐姿单腿伸膝练习

膝部伸展是一个单关节近端固定练习，主要训练股四头肌的内侧肌肉。此项练习虽然不是一个功能性多关节练习，但也是重要的膝关节预防伤病练习之一，在减速、制动、变向和跳跃时，股四头肌内侧肌群提供稳定的支撑，以保护膝关节。其技术要点如下。

（1）如图3-40所示，坐在训练器械上，调整好靠背角度和位置，使膝部的关节轴与器械旋转臂的轴线保持在一条直线上，阻力块放在踝关节上方小腿处；

（2）小腿用力上抬，直至膝关节完全伸展，大腿内侧完全收缩，保持1～2s；

（3）缓慢放下小腿，回到初始位置，重复进行练习。

7. 俯卧单腿后屈腿练习

后屈腿练习是对运动员预防膝关节损伤非常有益的一项练习，属于单关节近端固定练习，单独强化训练股后屈肌群，这是稳定膝关节的重要训练之一，为增强膝关节稳定性和力量打下基础，对防止膝关节损伤和保护前十字韧带具有重要意义。

（1）如图3-41所示，趴在训练器械上，调整好靠背角度和位置，使膝部的关节轴与器械旋转臂的轴线保持在一条直线上，阻力块放在踝关节上方小腿处；

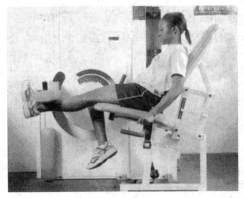 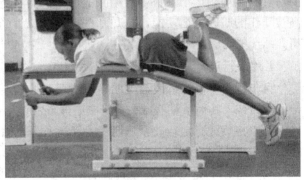

图3-40　坐姿单腿伸膝练习　　　　图3-41　俯卧单腿后屈腿练习

（2）小腿用力上抬，膝关节尽力弯曲，大腿后群肌肉完全收缩，保持1～2s；
（3）缓慢放下小腿，回到初始位置，重复进行练习。

8. 俯卧直腿躯干伸展练习

俯卧直腿躯干伸展练习主要强化股后屈肌群和臀部肌肉的力量，属于远端固定的单关节练习，对预防损伤运动员膝关节损伤具有重要意义。

（1）如图3-42所示，俯卧于半圆垫的长凳上，骨盆置于垫的前部，选择好合适的位置把脚平踩在挡板上，双臂交叉于胸前或者放于头后；

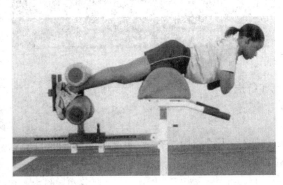 

图3-42　俯卧直腿躯干伸展练习

（2）将腿固定后，膝部伸直，身体与地面平行，躯干缓慢向下，直至与地面接近垂直；
（3）躯干上抬回到初始位置，身体与地面平行，整个运动过程始终保持上身收紧；
（4）随着力量的不断增加，可以将一个1～3kg的健身实心球置于胸前进行练习。

（二）功能性力量训练

功能性力量训练是连接低强度（基本力量训练）和高强度（爆发性力量和高强度体能训练）的桥梁，上面介绍的基本力量训练的练习能为更具难度的功能性训练打下基础。许多运动员一直在进行体能训练，但没有进行适当的功能性力量训练，以至于在运动中很容易受伤。

比赛中，有时运动员会做出一些超越身体极限的动作，这些动作非常危险，很容易造成损伤。这些功能性练习不单单训练力量，同样还训练平衡能力和本体感觉能力，这些能力有助于保护膝关节，避免受伤。功能性力量练习中很多练习动作模仿比赛中的真实动作，能够真正刺激到运动项目中所用到的肌肉，而且能够刺激到影响肌肉爆发性的神经，提供高难动作的肌肉记忆功能，这是那些单关节或者简单的多关节练习所不能够做到的。以下将介绍一些功能性力量训练。

1.弓步行走

弓步行走主要训练股后屈肌、臀大肌和股四头肌群，可以不负重训练，也可以配合杠铃、哑铃或者其他重量器械如健身实心球或者重量垫进行练习。弓步行走的技术要点如下。

（1）将负重稳定地放于肩膀上，头部正直，背部挺直，整个过程中保持这个姿势，如图3-43（a）所示；

（2）向前跨出一大步，膝部在脚踝正上方，如图3-43（b）所示；

（3）将重心转到弯曲的这条腿上，迈出另一条腿，重复动作；

（4）控制好动作的节奏，尽可能地稳定地完成每一个动作。

(a)　　　　　　　　　　　　　(b)

图3-43　弓步行走

2.向前上台阶练习

向前上台阶练习非常有助于训练下肢，主要训练股后屈肌、臀大肌和股四头肌的功能性力量。调整台阶（箱子）的高度，使脚踩在上面时大腿与地面保持平行，这样可以保证动作完全伸展，并且保护膝部。

（1）向前上台阶练习的技术要点如下。将杠铃或者重量袋置于后肩部（或者双手握哑铃），面向箱子站立；

（2）右腿抬起，脚掌完全放于箱子上，如图3-44（a）所示；

（3）用右腿的力量向上蹬伸，不要跳跃或者借助后腿的蹬伸；

(4) 身体保持直立,完成上台阶动作,如图3-44(b)所示;
(5) 先放下左腿,再放下右腿,完成一次动作;
(6) 换腿重复进行练习。

(a)   (b)

图3-44　向前上台阶练习

3.侧向上台阶练习

侧向上台阶练习除了训练股后屈肌、臀大肌和股四头肌群,同时还可训练到大腿内侧肌群。内收肌对于急停制动或者起动变向时稳定膝关节非常重要,强化大腿内侧肌肉对预防膝关节损伤非常重要。

侧向上台阶练习的技术要点如下。

(1) 将杠铃或者重量袋置于后肩部(或者双手持哑铃),站在箱子右侧;
(2) 左腿抬起,脚掌完全放于箱子上,左脚稍向外转,保护膝部,如图3-45(a)所示;

(a)   (b)

图3-45　侧向上台阶练习

(3)左腿向上蹬伸,不要跳跃或者借助右腿的蹬伸;
(4)身体直立,完成上台阶动作,如图3-45(b)所示;
(5)先放下右腿,再放下左腿,完成一次动作;
(6)换腿重复进行练习。

4.侧弓步练习

侧弓步训练股后屈肌、臀部肌肉和大腿内收肌,即做对角线运动所需要的肌群,本练习对提高运动员减速和制动能力非常有帮助,是预防膝关节损伤的重要练习之一。

侧弓步练习的技术要点如下。

(1)将重量袋或者杠铃放于后背上部,如图3-46(a)所示或者双手持哑铃;
(2)双腿直立,头部正直,后背挺直,向右侧30°~45°角跨步,前侧大腿与地面保持平行,如图3-46(b)所示;
(3)膝盖在脚踝正上方,完成动作,膝盖不要超过脚尖;
(4)后腿稍弯,保持上身与地面垂直;
(5)向后退回到直立位置,完成动作;
(6)换腿进行练习,或者一只腿完成一组练习后再换另一只腿进行练习。

(a) (b)

图3-46 侧弓步练习

5.多方位跳跃稳定练习

多方位跳跃稳定练习是由弓步练习改进的一种练习方法,主要训练运动员急停制动时的身体平衡能力和肌肉控制能力,这是一个较复杂的复合型练习,可训练到下肢的各个肌群,以及核心稳定性的肌肉,是增强腿部稳定力量的一个行之有效的练习,能够加强任何动作减速过程中身体的稳定性。其技术要点如下。

(1)身体直立,可以不附加重量或者使用重量较低的哑铃,如图3-47(a)所示;
(2)双臂伸直,与肩同高(握或不握哑铃),左腿进行一个快速的单足跳,如图3-47(b)所示;
(3)左脚落地后呈半蹲姿势,尽量保持身体的稳定,另一条腿抬离地面,后腿尽量伸直(与体操项目中平衡木的动作类似),如图3-47(b)所示保持该姿势1~2s;

(4)回跳至原站立姿势完成练习；
(5)一条腿完成全部次数，再换另一只腿进行；
(6)不仅要进行向前跳跃稳定练习，同时要进行向侧面和斜侧面的跳跃稳定练习，对多方位腿部稳定能力进行强化。

(a)   (b)

图3-47　多方位跳跃稳定练习

6.站姿双向提踵练习

站姿双向提踵练习主要训练小腿后部肌肉，包括腓肠肌和比目鱼肌。腓肠肌也是膝关节周围的一块重要肌肉，它附着在膝盖上，跨过膝关节，起屈膝关节的作用。

站姿双向提踵练习的技术要点如下。

(1)站在5～10cm高的平台上，脚尖向外，可以手握哑铃或者背负杠铃进行训练，如图3-48（a）所示；

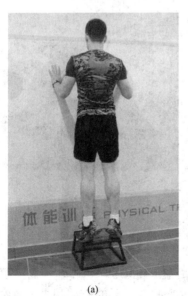

(a)   (b)

图3-48　站姿双向提踵练习

(2)向上提踵直至小腿肌肉完全绷紧,如图3-48(b)所示,在最高点保持1～2s,缓慢回到初始位置;

(3)重复完成练习;

(4)脚尖向内进行第二组练习。

7. 滑步深蹲练习

滑步深蹲是一个对膝关节周围肌肉进行综合训练的练习,可以提高运动员侧向移动与制动能力,对预防膝关节损伤有积极意义。其技术要点如下。

(1)身体直立,双脚与肩同宽;

(2)深蹲,保持后背挺直,弯曲膝部,如图3-49(a)所示;

(3)由深蹲式向右迈出一大步,身体保持正向直立,如图3-49(b)所示;

(4)重复动作,完成练习,如图3-49(c)(d)所示;

(5)每条腿重复15至20次;

(6)如有一定基础后可在膝关节上方套一弹力带提高训练强度。

(a)

(b)

(c)

(d)

图3-49 滑步深蹲练习

(三)下肢稳定性训练

下肢稳定性训练主要是通过利用橡胶平衡盘、BOUS球、硬体平衡盘等不稳定训练辅助器材进行练习,在创造的不稳定因素下通过下肢各肌群的协调和本体感觉能力的增强来重新建立稳定与平衡,从而达到增强下肢的稳定性和预防膝关节损伤的目的。

1. 平衡盘双腿平衡练习

主要利用平衡盘来提高运动员双下肢的稳定性和协调性，适合于各种运动项目的基础能力训练阶段，尤其适用于像体操、跳水、武术等各种对本体感觉能力要求极高的运动项目及各种球类运动项目，并可作为发展身体素质的专项训练手段。此项练习需要教练或者同伴进行保护，防止运动员失去平衡跌倒。其技术要点如下。

（1）运动员双脚踩在两个平衡盘上，头部正直，背部挺直，尽量保持稳定，如图3-50所示；

图 3-50　平衡盘双腿平衡练习

（2）根据训练的难度不同，初级水平训练时双脚直立站立在稳定盘上，并保持平衡；
（3）中级水平训练时双脚站立在稳定盘上，缓慢踮起脚尖，而后再缓慢返回；
（4）高级水平训练时双脚站立在稳定盘上，膝关节屈曲90°，上身保持直立；
（5）随着训练水平的提高，每次站立稳定盘的时间逐渐延长。

2. 平衡盘单腿平衡练习

主要利用平衡盘来提高运动员单侧下肢的稳定性和协调性，适合于各种运动项目的基础能力训练阶段，尤其适用于像体操、跳水、武术等各种对本体感觉能力要求极高的运动项目及各种球类运动项目，并可作为发展身体素质的专项训练手段。此项练习需要教练或者同伴进行保护，防止运动员失去平衡跌倒。其技术要点如下。

（1）运动员单脚踩在一个平衡盘上，头部正直，背部挺直，尽量保持稳定；
（2）根据训练的难度不同，初级水平训练时单脚直立站立在稳定盘上，并保持平衡；
（3）中级水平训练时单脚站立在稳定盘上，缓慢踮起脚尖，而后再缓慢返回；
（4）高级水平训练时单脚站立在稳定盘上，膝关节屈曲30°，上身保持直立；
（5）随着训练水平的提高，每次站立稳定盘的时间逐渐延长。

3. 平衡盘单脚站立抛接实心球训练

此项练习主要提高运动员单侧下肢的稳定性全身的协调控制能力，通过抛接实心球打破运动员原有的身体平衡，在动态过程中进一步维持身体的稳定性，达到提高训练强度的目的。其技术要点如下。

（1）运动员单脚踩在一个平衡盘上，头部正直，背部挺直，尽量保持稳定，如图3-51所示；
（2）同伴站在适当距离将实心球稳定地抛给运动员，运动员双手接球，再将球抛给同伴；
（3）重复动作，完成练习；在过程中运动员尽量保持身体的平衡与稳定；
（4）抛球方向要不断变换，提高训练效果。

图 3-51　平衡盘单腿平衡练习

4. 俯身触摸练习

此项练习主要提高单下肢和躯干核心区的稳定性和协调性，提高下肢本体感觉能力。其技术要点如下。

（1）运动员单脚踩在一个平衡盘上，头部正直，背部挺直，尽量保持稳定；

（2）在平衡盘前方距离40～60cm之间，9点至3点的位置上摆放3个标志物，单腿（左腿或右腿）站立在平衡盘上，俯身分别用手指触及标志物，如图3-52（a）(b)（c）所示；

（3）一侧腿训练结束后另侧腿重复以上训练；

（4）可以逐渐拉长标志物与平衡盘之间的距离来提高训练强度。

(a)　　　　　　　　　(b)　　　　　　　　　(c)

图3-52　俯身触摸练习

5. 弓步单脚踏平衡盘练习

此项练习主要训练下肢动态的稳定性和协调性，加强下肢的本体感觉能力。其技术要点如下。

（1）将稳定盘置于运动员前方，将双手交叉置于脑后，如图3-53（a）所示；

(a)　　　　　　　　　(b)

图3-53　弓步单脚踏平衡盘练习

（2）将左腿或右腿跨上稳定盘，在弓步时背部保持正直，尽量保持身体平衡，如图3-53（b）所示，而后缓慢返回；

（3）一侧腿训练结束后另侧腿重复以上训练；

（4）在正面弓步完成后可进行侧向和斜侧向的弓步踏盘练习，以提高膝关节的多方位本体感受能力。

6. 单腿侧跳练习

此项练习提高单下肢的稳定性和侧向制动能力，同时加强下肢动态本体感觉能力。其技术要点如下。

（1）单腿（左腿或右腿）站立在稳定垫一侧，如图3-54（a）所示；

（2）侧向跳至稳定垫上，保持平衡，保持静止2s，如图3-54（b）所示，再跳回原处；

（3）重复10至15次，一侧腿训练结束后另侧腿重复以上训练；

（4）通过增加侧跳的距离来增加训练的难度。

图3-54　单腿侧跳练习

7. 单腿向前跳跃练习

此项练习提高单下肢的稳定性和向前的制动能力，同时加强下肢动态本体感觉能力。其技术要点如下。

（1）单腿（左腿或右腿）站立在稳定垫前，如图3-55（a）所示；

（2）单腿跳至稳定垫上，保持平衡，如图3-55（b）所示，保持静止2s，再跳回原处；

图3-55　单腿向前跳跃练习

（3）重复10至15次，一侧腿训练结束后另侧腿重复以上训练；
（4）通过增加跳跃的距离来增加训练的难度。

 学习实践

小组学习实践

1.组内实践：
请对每一种膝关节的防护性训练进行实践，注意身体姿态。
2人1组进行相互指导性膝关节防护性训练，并对照教材严格规范同伴动作。
2.组内讨论：
请列举6种膝关节防护性练习，并详细描述每一种技术动作细节。

 总结复习

1.膝关节是人体最为重要的关节之一，是人体运动链中的重要环节，同时它也是最脆弱的关节之一，在运动员中膝关节运动损伤非常常见，主要以膝关节半月板损伤、膝髌股关节软骨损伤、膝关节前十字韧带损伤、膝后十字韧带损伤、膝关节内侧副韧带损伤等为主。

2.膝关节是许多运动项目运动链中重要的部分之一，为了强化运动链的整体性，需要对膝关节进行专门的强化训练，以提高关节的稳定性，降低损伤的发生的风险，为运动员进行高强度训练打下良好的基础。

3.值得关注的是由于目前女子运动员的比赛水平和运动强度在不断增强，很多优秀的女子运动员在比赛或者训练过程中膝关节受到非常严重的伤病困扰，国外报道女子运动员膝关节受伤的概率是男子运动员的3～5倍，前十字韧带（ACLs）断裂的概率是男子运动员的6～8倍。这些事实提醒我们很多女子运动员的身体素质还不能够适应这些项目的要求，体能训练与膝关节防护性强化训练必须提到一个更高的高度上。

第五节　肌肉牵拉原则与基本技术

 你知道吗？

在开始运动之前和运动结束后，你做柔韧性的练习吗？为什么？

一、影响关节柔韧性的因素

柔韧性受解剖结构、年龄、性别以及活动水平影响较大。从解剖结构角度讲，关节活动范围、结缔组织、肌肉的体积是影响柔韧性的主要因素。

1. 年龄

人在自然生长过程中，身体的柔韧性随着年龄增加有减小的趋势。在儿童少年时期，由于骨骼未完成、肌肉与结缔组织柔韧好，所以此时的柔韧性是人一生中最好的时期。而后，在20～22岁时期，骨骼生长完成，肌肉力量达到最大时，身体柔韧性已经处于下降阶段，因此，在青少年期经常进行柔韧练习，并注意保持是非常重要的事情。

2. 性别

从性别上讲，女性的柔韧性要好于男性。女性的关节面较男性大，结缔组织强度较男性弱，从而使得女性的柔韧性要好于男性。

3. 解剖结构

从解剖结构影响柔韧性主要以关节和肌肉为主。影响关节活动范围的因素有关节面、关节囊以及周围的结缔和肌肉组织的强度。

关节结构决定活动范围。肩、髋关节是球窝形关节，可以作屈伸、内收外展、旋内旋外等多轴活动。手、足关节是一种椭圆关节，可以作屈伸、内收外展运动，活动范围相对球窝形关节小。膝、肘关节是一种滑车关节，只能作屈伸运动，活动范围最小。

关节周围韧带和肌肉组织。关节周围韧带多，并且肌肉组织强，关节的牢固性强但灵活性和柔韧性就差。反之亦然。

一、发展柔韧性的拉伸练习分类与注意事项

（一）拉伸练习有四类

1. 静态拉伸

静态拉伸的特点是动作缓慢、柔和，沿肌纤维的方向拉长肌肉，并在最大幅度保持10～20s，重复2～3次。在拉伸过程中，肌肉不宜感到疼痛感。另外，拉伸过程中，不应憋气，自然呼吸。

缓慢而放松的拉伸肌肉组织，不会因过度产生的肌紧张，引起的牵张反射。因此，对普通人群和运动员来讲，是一种安全而有效的柔韧练习方法。

缓慢、均匀地保持拉伸动作10～20s就是静态拉伸。静态拉伸同时包括被拉伸肌肉的放松和拉长两个过程。因为静态拉伸是缓慢进行的，不会引起被拉伸肌肉的牵拉反射，因而其引起的损伤的可能性比动态拉伸要小。这种拉伸方法容易掌握，而且于改善关节活动范围效果显著。对健身爱好者或是运动员来讲，是一种理想的发展柔韧性的手段。

进行静态牵拉时，慢慢地将身体部位移至某一位置并保持一定时间，从而牵伸某一肌肉或某一肌肉群。由于开始静态牵伸时，肌肉处于放松状态，牵伸速度较慢，因此静态牵伸不会激活牵张反射。

主动静态拉伸利用自身力量或体重将肌肉顺着肌纤维的走向拉长，被动静态拉伸是借助同伴的力量进行肌肉的被动拉长，当肌肉拉伸到一定的紧张度时，维持10～20s，重复2～3次，让肌肉的长度增加而增加关节的运动幅度。拉伸的重点在于动作的开始要慢，不要让肌肉感到痛楚，并配合正常呼吸。

2. 动态拉伸

动态拉伸是与热身活动结合非常紧密的方式。拉伸动作与专项动作接近，拉伸动作比较灵活，目的是预先增加动作幅度，接近低强度的专项准备活动。这种拉伸方式，能帮助运动员在赛前做好专项柔韧性的准备。如短跑运动员的跨步走，强调髋关节的充分伸展，同时保持骨盆后倾。这种拉伸活动可以拉开髋关节屈肌、为短跑比赛做好准备。

3. 摆动拉伸（弹踢式拉伸）

摆动拉伸是在武术、体操以及舞蹈等项目使用较多的柔韧练习方法，又称为弹踢式拉伸。摆动牵伸是指利用肌肉主动发力使肌肉不停地摆动伸展，在每一次摆动中牵伸肌肉。下肢的摆动拉伸方法较多。在摆动过程中，易造成肌紧张激活牵张反射。牵张反射在牵伸完成后会刺激肌肉群迅速收缩，而此时摆动的惯性力就会成为肌肉收缩的阻力，易造成肌肉或结缔组织损伤，因此，通常不鼓励使用摆动牵伸。只能说，摆动拉伸是一种高级的柔韧练习方法，是适合专项运动员使用柔韧拉伸方法。

4. 本体感受性神经肌肉促进法（PNF）

这种方法最初是为神经—肌肉功能康复活动而设计的，主要是通过增加肌肉的张力和活动来放松肌肉，包括被动的拉伸运动和主动的肌肉收缩活动（向心、等长），需要有人协助完成。

（二）拉伸练习的要求

在拉伸时，尽量拉伸到所有主要肌肉群；练习前的准备活动采用强度较小的拉伸，如随后进行强度较大的训练或比赛，应进行充分的动态拉伸，而练习后的整理活动采用中等强度拉伸。拉伸练习过程中，要有轻至中等程度的牵拉感，但是不能有疼痛；如有麻木感和放射性疼痛，请即刻停止该动作。每一动作的持续时间一般为10～20s。肌肉拉伸的顺序通常从中心部位开始。即先背部、臀部、大腿后肌群，然后依次为大腿内侧、大腿前侧、小腿、脚踝、肩部、手臂、手腕、手、颈部。

（三）拉伸练习的注意事项

1. 拉伸练习过程中，切记不可过度拉伸，要从肌肉能够适应的最小幅度开始，急于求成只会造成肌肉更加僵硬和受伤。
2. 从大的关节、大的肌肉开始拉伸，逐渐转移到小的关节和肌肉。
3. 在体育运动的准备活动和放松活动中，应集中在要承受压力（或承受了压力）的部位，在日常生活中要以感觉到沉重、倦怠的部位为重点进行拉伸，这样将提高效果。
4. 拉伸过程中保持自然呼吸，不要屏气，在呼气时逐渐加大拉伸幅度。

5.有脊柱问题的练习者，如颈椎病、腰椎间盘突出等，避免做过度脊柱前、后屈动作。

（四）拉伸动作的学习

本节主要以静态的个人拉伸的简介为主，拉伸动作的学习将从人体的关节肌肉解剖学的角度出发，分别从上肢、躯干以及下肢三个角度介绍拉伸动作。

- 上肢相关肌群有：肩袖肌群、大小臂肌群、背阔肌以及胸大肌；
- 下肢相关肌群有：大小腿肌群、髋关节浅层与深层肌群；
- 躯干相关肌群有：颈部肌群、腹部肌群与脊柱周围肌群。

二、常用的15种静态拉伸方法

（一）小腿肌群拉伸方法

1.拉伸小腿后群肌肉（1）

拉伸目的：全面拉伸腓肠肌。

拉伸方法：以拉伸右侧小腿为例。如图3-56所示，左腿在前，右腿在后，分腿站立，距离约为一步，右腿伸直，腿尖向前，躯干保持直立，双手叉腰。然后，屈左膝关节，降低身体重心，右腿保持伸直，牵拉小腿后侧肌肉，并保持10～20s。然后，分别将右脚尖向外，向内重复以上动作。

注意要点：身体保持直立，不要前倾或后倒。膝关节不要过分伸展。

2.拉伸小腿后群肌肉（2）

拉伸目的：拉伸比目鱼肌。

拉伸方法：以拉伸右侧小腿为例。如图3-57所示。左腿在前，右腿在后，分腿站立，距离约为半步。双腿屈膝，左右脚全脚掌着地，脚尖都向前，躯干保持直立，双手叉腰。然后，同时屈双腿，降低身体重心，牵拉右侧小腿后侧肌群，并保持10～20s。

注意要点：身体保持直立，不要前倾或后倒。利用身体重心的下降拉伸小腿后侧肌肉。

图3-56　拉伸小腿后群肌肉

图3-57　拉伸比目鱼肌

图3-58 拉伸小腿前侧肌群

3.拉伸小腿前侧肌群

拉伸目的：拉伸胫骨前肌及腓骨长短肌。

拉伸方法：双腿并拢或略分开，跪于垫子上，脚尖相对，臀部落于踝关节处，躯干保持直立。如图3-58所示。然后，躯干后倒，双手置于体后撑地，抬起膝关节，并保持10～20s。

注意要点：身体不要过分后倒，髋关节角度小幅度变化。

（二）大腿肌群拉伸方法

1.单腿站立拉伸股四头肌

拉伸目的：拉伸股四头肌三个远端头，股外侧肌、股中肌和股内侧肌。

拉伸方法：如图3-59所示，身体站立，躯干保持正直，一手扶墙或横杆；另一只手抓起同侧的踝关节，弯曲膝关节，拉起脚靠近臀部。保持10～20s，换另一侧重复练习。

注意要点：拉伸时，身体保持直立，向外侧拉伸内侧头、向内拉伸外侧头。两腿分别拉伸。

2.侧卧拉伸股四头肌

拉伸目的：拉伸股四头肌三个远端头，股外侧肌、股中肌和股内侧肌。

拉伸方法：身体侧卧于垫子上，两腿伸直，用肘支撑身体，弯曲上面腿的膝关节，同侧手抓住踝关节，将脚拉向臀部。保持10～20s，换另一侧重复练习。如图3-60所示。

注意要点：拉伸时，身体保持直立，分别拉伸内侧、中间和外侧头。

图3-59 单腿站立拉伸股四头肌

图3-60 侧卧拉伸股四头肌

3.坐姿单腿拉伸

拉伸目的：拉伸大腿后群肌肉、竖脊肌、腓肠肌。

拉伸方法：如图3-61所示，坐在垫上，上体直立，两腿伸直。右腿屈膝，大腿外侧触地，脚底接触左大腿内侧，屈髋前倾身体，双手抓住左脚掌，将脚拉向身体方向，同时胸部尽量靠近腿，如果够不到脚，抓住小腿、脚踝即可。保持10～20s，换另一侧重复练习。

注意要点：保持上体直立，从髋部前倾。腰背部损伤慎做。

4.坐姿双腿拉伸

拉伸目的：拉伸大腿后肌群、竖脊肌。

拉伸方法：如图3-62所示，坐姿，上体直立，两腿伸直，并拢。屈髋前倾身体，双手抓住脚尖，将脚尖拉向身体方向，同时胸部尽量靠近腿。如果够不到脚尖，抓住小腿、脚踝即可。保持10～20s，放松，重复练习1次。

图3-61　坐姿单腿拉伸

注意要点：腰背要直，从髋部前屈。如腰背有伤，不可练习。

（三）臀部肌群拉伸方法

1.臀肌拉伸

拉伸目的：拉伸臀大肌、臀中肌及周围肌群。

拉伸方法：如图3-63所示，以左侧为例，坐于垫子上，盘左腿于体前，躯干直背前倾，双手撑于垫子上，右腿向后伸直，然后躯干慢慢向下，靠近大腿，拉伸臀部肌群。保持10～20s，换另一侧重复练习。

注意要点：躯干保持伸直，向下动作缓慢。

图3-62　坐姿双腿拉伸

图3-63　臀肌拉伸

2.仰卧臀肌拉伸（1）

拉伸目的：拉伸臀肌、梨状肌。

拉伸方法：如图3-64所示，仰卧，左腿屈膝，左脚平放地面。右腿屈膝，将右踝外侧放在左膝上。右手与左手交叉相握抱住左膝略靠下的位置。将左膝和右腿拉向胸部，直到感觉的右侧臀部有牵拉感。保持

图3-64　仰卧臀肌拉伸（1）

10～20s，换另一侧重复练习。

注意要点：在拉伸过程中背、肩、头贴地。

3.仰卧臀肌拉伸（2）

拉伸目的：拉伸臀部肌群、竖脊肌。

拉伸方法：如图3-65所示，仰卧，右腿屈膝，左腿伸直。右手抓住右膝，左手抓住右踝，将右膝和小腿整体拉向胸部。臀部肌肉有牵拉感。保持10～20s，换另一侧重复练习。

注意要点：将脚踝提到头部，甚至超过头部，可以使臀肌、竖脊肌获得更大程度的拉伸。

4.蝴蝶式拉伸

拉伸目的：拉伸股内收肌（腹股沟）、竖脊肌。

拉伸方法：如图3-66所示，坐姿，屈膝，双脚脚底相互接触。两脚脚跟尽量靠近臀部。两手抓住脚趾或脚腕，两肘展开接触膝盖略靠下部位。身体从髋部向前屈，同时两肘下压膝，至大腿内侧有牵拉感。保持10～20s，放松，重复练习1次。

注意要点：注意背部保持平直。脚跟越靠近臀部，难度越大。

图3-65　仰卧臀肌拉伸（2）

图3-66　蝴蝶式拉伸

（四）躯干拉伸方法

1.屈臂体侧屈

拉伸目的：拉伸躯干两侧的主要肌肉、上背部肌肉。

拉伸方法：如图3-67所示，两脚平行分开，与肩同宽。右臂伸直上举，弯曲右肘，右手摸左肩。左手抓住右肘，在头后向下向后拉右肘。向左侧屈体，右侧躯干、背部肌肉有牵拉感。保持10～20s，换另一侧重复练习。

注意要点：保持背部平直，向前、向后弓背会减少拉伸的效果。

2.坐姿脊柱扭转

拉伸目的：拉伸腹外斜肌、腹内斜肌、梨状肌、竖脊肌。

拉伸方法：如图3-68所示，坐姿，双腿伸直，上体直立。右腿屈膝将右脚放在左膝外侧，左肘置于右膝外侧，左手自然放在右大腿外侧，右手掌置于臀后30cm左右，左臂发力推动右膝向左，同时向右、向后扭转上体、肩、头，尽量向后看。保持10～20s，换另一侧重复练习。

注意要点：扭转前腰背挺直，防止脊柱损伤。

图3-67　屈臂体侧屈　　　　　　　图3-68　坐姿脊柱扭转

3. 后仰拉腹

拉伸目的：拉伸腹直肌等躯干前侧肌群。

拉伸方法：如图3-69所示，仰卧于垫子上，两腿分开，肘关节撑起上体，双手前伸，然后伸直上肢，将上体推起，头保持正直。

注意要点：骨盆贴住垫子，头不要后仰或向下低。

4. 坐式曲腿拉背

拉伸目的：拉伸背部肌群，尤其是下腰部位。

拉伸方法：如图3-70所示，双膝分开坐于垫子上，两脚掌相对，双肘于双膝中间，双手由内向外抱于两脚的外侧，直立躯干，然后，向前弯曲躯干，肘关节尽量靠向垫子。

注意要点：躯干保持直立，向下屈髋关节。

图3-69　后仰拉腹　　　　　　　图3-70　坐式曲腿拉背

（五）胸部和肩的拉伸

1. 站立后伸手

拉伸目的：拉伸胸大肌、三角肌前束。

拉伸方法：如图3-71所示。站立，两手置于背后，交叉相握，伸直肘关节，缓慢向上抬臂，保持头部正直，颈部放松。保持10~20s，放松，重复练习1次。

注意要点： 身体保持正直，不要随着手臂上抬而弯腰低头。

2. 屈臂拉胸

拉伸目的： 分别拉伸胸大肌的上束、中束和下束肌肉。

拉伸方法： 如图3-72所示，站立，将一只手臂于体侧抬起与肩关节水平，手与小臂贴于墙壁上，然后，以同侧肩关节为轴，向右侧旋转身体，拉伸胸肌中束。肘关节高于肩拉伸胸肌下束，肘关节低于肩拉伸胸肌上束。

注意要点： 躯干保持直立，转动时不要后倾或前俯。

图3-71 站立后伸手

图3-72 屈臂拉胸

3. 坐姿单臂上举侧弯

拉伸目的： 拉伸背阔肌。

拉伸方法： 双膝分开坐于垫子上，两脚相对，躯干保持直立。一侧手臂上举贴于耳侧，用另一侧手臂握于肘关节处，拉向同侧，同时向该侧转体。

注意要点： 躯干保持直立，转体时，不要后倾或前俯。

4. 胸前横臂拉伸

拉伸目的： 拉伸上背部肌肉、肱三头肌。

拉伸方法： 如图3-73所示，站立或坐直，左臂肘微屈横于胸前，右手拉住左臂肘关节上方，向右侧拉伸，使肩胛骨内侧有牵拉感。保持10～20s，换另一侧重复练习。

注意要点： 不要耸肩，保持躯干正直。

5. 坐姿后倾

拉伸目的： 拉伸三角肌前部、胸大肌。

拉伸方法： 如图3-74所示，坐姿，双腿伸直。手掌在臀部后方30cm处撑地，手指指向后方。手向后移，上体后倾。胸大肌和三角肌前束有牵拉感。保持10～20s，放松，重复练习1次。

注意要点： 挺胸，展开双肩，拉伸更充分。头保持自然姿态，颈部放松。

图3-73　胸前横臂拉伸　　　　　　图3-74　坐姿后倾

（六）手臂肌群拉伸

1.肱三头肌拉伸

拉伸目的：拉伸肱三头肌、背阔肌。

拉伸方法：如图3-75所示，坐或站立，右臂伸直上举，弯曲右臂，大臂靠近右耳，右手靠近左肩胛骨，左手抓住右肘，于脑后向左向下拉右肘，感觉右大臂后侧有牵拉感，保持10～20s，换另一侧重复练习。

注意要点：拉伸过程中头部自然摆放，上体正直。坐在有靠背的椅子上，能够更有效地拉伸肌肉。

2.腕屈肌拉伸

拉伸目的：拉伸腕屈肌。

拉伸方法：如图3-76所示，双膝跪地，双手撑地与肩同宽。将双手手指朝向膝盖。肘部伸直，臀部坐向脚跟，使前臂、手掌有牵拉感。保持10～20s。放松，重复练习1次。

注意要点：手离膝越远，拉伸的力越大。掌根处贴紧地面。

图3-75　肱三头肌拉伸　　　　　　图3-76　腕屈肌拉伸

3. 立掌旋臂

拉伸目的：拉伸小臂、大臂肌群。

拉伸方法：如图3-77所示，分腿站立，躯干直立，两臂侧平举，与肩水平，立掌，五指分开，然后，直臂向后旋手掌到最大范围，保持10s，复原，然后直臂前旋，到最大范围，保持10s。

注意要点：两臂伸直，不要曲肘。五指尽量张开。

(a) (b)

图3-77 立掌旋臂

（七）颈部肌群拉伸

拉伸目的：拉伸颈部两侧、前后肌群。

拉伸方法：如图3-78所示盘坐（或伸直双腿），双手放于距离臀部两侧30cm左右处。将左耳靠近左肩，使右侧颈部有牵拉感，保持10～20s，放松，换另一侧重复练习。将头向后仰，使鼻子正对天花板，颈前肌群有牵拉感。保持10～20s，放松。将双手交叉置于头后顶部下方。轻轻将头垂直向下拉，尽量使下巴接触胸部，颈后侧有牵拉感。保持10～20s，放松。

注意要点：练习过程中，双肩放松，保持水平，不要耸肩、斜肩。有颈椎病的练习者慎做此练习。

图3-78 颈部肌群拉伸

 **学习实践**

小组学习实践

组内实践：以篮球运动后放松为目的组合拉伸练习方法：

1. 站立体前曲。
2. 拉伸小腿后群肌肉（1）。
3. 拉伸小腿后群肌肉（2）。
4. 单腿站立拉伸股四头肌。
5. 站立分腿体向曲，并向左右腿压。
6. 弓间步加转体。
7. 肱三头肌拉伸。
8. 胸前横臂拉伸。
9. 站立后伸手。
10. 立掌旋臂。
11. 颈部拉伸组合。

 总结复习

　　柔韧性、力量和耐力是构成体能的基本素质之一。热身与拉伸是改变柔韧性的主要方法。通常，在运动前的柔韧练习是为激活运动组织，提高神经的兴奋性，（舒展身体等作用）加快血液循环速度。运动后的拉伸柔韧练习可以一起促进恢复、加快代谢产物的循环以及复原肌纤维组织等作用。

　　而在现实生活和工作中，柔韧拉伸练习是最易被忽视的练习。通常对一个人来说，身体的柔韧性在儿童时期最佳，随着年龄的增长逐渐下降，关节僵硬，关节活动范围缩小，进而影响健身生活的质量。另外，柔韧性下降而引起的关节僵硬、关节活动范围缩小，也使身体变得更加脆弱，增加了发生不当运动损伤的风险。

第四章 体能训练方法

第一节 速度训练方法

| 提高一个人的健康水平可以从哪些方面入手？ | 走出健身房，可以有哪些方法帮助你的会员完成心愿？ |

一、速度素质的基本概念

速度素质是指人体获得高速度的能力，是在特定动作中应用爆发力的标志，它是人体的基本运动素质。包括人体快速完成动作的能力和对外界刺激快速反应的能力，以及快速位移的能力。

二、速度素质的分类

速度按照不同的运动表现形式，可分为反应速度、动作速度和位移速度，参见图4-1

所示。反应速度是指人体对所处环境的各种信号刺激（如光、声、触等）的快速应答能力。动作速度是指人体或人体的一部分完成单个速度或成套动作的快慢以及单位时间内重复动作次数的能力。位移速度是指周期性运动中，单位时间内人体快速位移的能力。通常用通过一定距离的时间或单位时间内所通过的距离来表示，如短跑的跑速、跳远运动员的跑速等。

图4-1 速度素质的分类

运动员在大多数运动项目中三者所占的比重有所不同，三者既有联系又有区别。位移速度本身就是由各个单个动作速度组合而成。如途中跑的后蹬速度、前摆腿速度、摆臂速度和重复次数的组合。反应速度又往往是位移速度的开始，反应速度在运动时，已成为反应后的第一个动作速度。因此，在发展速度素质中，要考虑三者之间的相互关系。例如，就位移速度的训练而言，反应速度是前提条件，动作速度则是基础。

一、速度训练的强度控制

根据运动员的训练水平和身体状态不同，速度训练的强度安排一定要区别对待。较低强度的速度训练内容可以在学习技术动作、准备活动中进行，也不需要专门的准备。为了取得满意的训练效果和保障安全，高强度的速度训练内容则需要一段时期的准备过程，特别是需要练习者具备有一定的专项技术水平和力量素质基础。

一般来讲，发展速度能力的训练负荷强度在训练开始阶段一般为最大强度的75%左右，在这个较高的强度和限定时间的训练中，运动员能够学会调节和保持技术动作的速度节奏，这种运动强度逐渐地提高到100%。然而，更进一步的要求需要运动员去尝试超越原有的速度限制。由于运动员注意力集中程度、体内能量供应的限制，使得运动员在更高强度下进行技术练习变得比较困难。因此，可以采用阻力训练、助力训练、减轻器械重量等训练手段来促进运动员的速度。

运动技术的学习应该在较低的动作速度下完成并稳定下来。然而，从训练的开始阶段，就应该鼓励运动员通过提高训练强度来保持其运动技术的稳定性。这对于在较低速度下学会运动技术并过渡到最大速度的这个复杂过程来说是非常必要的。

为了保持神经系统的最佳兴奋状态，在速度训练中不应该出现明显的疲劳。

因此，在速度训练之前必须进行专门的准备活动，而且，耐力训练或力量训练必须在速度训练之后进行，而不能提前。

二、速度训练的训练量

速度训练的强度和训练量之间存在相应的关系。如果运动员的负荷强度达到最大，那么负荷的量就达不到最大。另一方面，运动员能够适应新的速度水平并稳定下来时，就必须在更高强度的负荷下进行强度练习。如何安排训练量，具体要求如下。

1. 较少重复次数，较多组次和高强度

在技术动作重复性训练的负荷强度和量的安排中，必须确保在每个学习环节中都保持

最高的动作完成速度，并且恢复的时间足够运动员去巩固和强化训练留在大脑的神经肌肉刺激痕迹。因此，组织较少重复次数、较多组次、高强度的训练应该是最适宜的。

2.用运动员达到最大跑速的最短距离来发展加速能力

在短跑训练中，通常采用运动员达到最大跑速的最短距离来发展运动员的加速能力。对于大多数运动员来说，这个距离在30～40m左右。然而，对于像足球、网球、篮球等运动项目，运动员必须在很短的加速距离（5～10m左右）内达到最大速度，并且在这个爆发式加速过程中完成时，能够选择和完成高精度的技术动作。

3.采用助力达到最高速度以减少疲劳

在发展最大速度的训练中，影响训练效果的一个因素是运动员的加速至最大速度过程中所产生的疲劳。为了克服疲劳带来的影响，一些运动员在训练中采用了较长加速距离的旋转加速或利用下坡助力的训练手段。这就是说，运动员能够采用10～30m的距离来发展个人最大速度，但他必须进行40～60m的助力跑才能达到项目的要求。

4.及时了解运动员保持最大速度的距离的最佳水平

通过对运动员进行测试，能够确定其保持最大速度距离的最佳水平。当然，首先问题是运动员要达到个人最大速度。例如，世界优秀短跑选手约翰逊和刘易斯也只能保持他们最大跑速20m。人体各个部分之间的协调配合和注意力的高度集中是延长这段距离的关键。

5.采用适宜的练习距离

在短跑运动中，大多数运动员需要5～6s来达到最大速度。因此，为了发展运动员从初加速度开始达到个人的最大速度的能力，我们建议训练时采用50～60m的距离进行训练。

三、速度训练的频度

在以最大跑速进行的两次跑动之间的恢复时间必须足以使人体的工作能力得到完全恢复，这个时间又必须短，以便能够维持神经系统的兴奋性和最佳体温，一般进行最大跑速训练时，训练和练间休息时间的比例为（1∶12）～（1∶20）。在训练单元里应该包括2～3组，而且每组中应包括3～4个跑次。

> 频度：训练与练间休息时间的比例为（1∶12）～（1∶20）

四、速度训练的基本练习种类和练习方法

（一）反应速度训练

1.反应速度训练的练习种类

反应速度的练习包括简单反应速度和复杂反应速度的练习。

（1）简单反应速度练习。

对于大部分径赛、游泳、速度滑冰等运动员只需要根据固定信号执行自身动作的"闭式"技能运动项目，适合采用简单的反应速度练习。简单反应速度练习的特点是通过练习尽量缩短感觉（视、听、触）—动作反应的时间。

在体育时间中，简单反应速度往往受到中枢神经系统的兴奋程度，注意力集中程度，肌肉组织的准备状态，动作技术的掌握程度，对信号特征、时间特征的感觉和辨别能力、

遗传因素等制约。如果要把简单反应速度提高到一定程度，就必须针对上述制约因素采用相应的方法与手段。简单反应速度练习地方法一般有以下几种。

① 完整练习。利用已经掌握的完整的单个动作或组合动作，尽可能快地对突然出现的信号或突然改变的信号做出应答反应，以提高反应能力。例如，反复完成蹲踞式起跑；根据特定信号改变动作方向；对已知对手的动作做出不同的反应动作；对快速运动目标做出迅速反应等。这种对信号反应的完整练习，在运动员初级水平作用比较明显。

② 分解练习。分解练习是相对于完整练习而言，就是分解回答反应的动作，使之处于较容易或更为简单的条件，提高分解动作的速度来提高简单反应速度。

③ 变换练习。通过改变练习的形式让运动员在变化的情况下完成练习。改变练习的形式主要包括两方面内容。第一，改变对信号的接受形式，如由视觉接受的刺激信号改变成听觉或触觉的形式。第二，改变回答反应的动作形式。利用变换练习，既能有效地提高人体各感觉器官的功能和缩短简单反应的时间，又能提高练习积极性和训练效果。

④ 运动感觉练习。运动感觉练习是身体训练与心理训练相结合的一种方法。在人体反应过程中，提高对微小时间辨别的时间知觉，而发展反应速度，这种练习对运动实践具有一定的实际意义。

运动感觉练习一般要经过三个阶段。第一阶段是运动员接收到信号后，以最快的速度对信号做出应答反应，然后获得该次反应练习的时间；第二阶段是运动员自己估计反应练习的所用时间，而后与实际时间对照比较，由此提高运动员对时间感觉的准确性；第三阶段是当运动员的估计时间与实际时间在大多数情况下吻合时，运动员就能较准确地判断反应时间的变化，在练习中按所要求的时间完成一次反应过程，运动员辨别时间差的能力越强，越精细，就越能自由地掌握反应速度，并使反应速度得到提高。

另外，运动员的注意力指向与反应速度能力有关。在练习中应要求运动员把注意力集中在将要进行的动作上，因为注意力集中在动作比集中在信号反应速度要快一些。注意力的指向与肌肉的紧张度有关。注意力集中在动作上，完成该动作有关肌群紧张度就会升高，从而加快动作的完成。

（2）复杂的反应速度练习。

对于篮球、网球、乒乓球、羽毛球、拳击、跆拳道的运动员需要根据对手和环境做出反制性变化反应动作的"开式"技能的运动项目，适合采用复杂反应速度练习。复杂反应速度练习的特点则是尽量缩短感觉—中枢分析选择判别—动作反应的时间。

复杂反应在运动中大部分属于选择反应。选择反应一般包含两种形式。一是对移动目标的反应，即指对运动客体的变化作出反应；二是选择动作的反应，主要是根据对手动作变化作出反应。所以，复杂反应速度的练习也包括移动目标练习和选择动作练习。

① 移动目标练习。对移动目标产生反应并做出选择，一般要经历四个阶段。对球类运动中的运动客体——球的反应，一是要看到球；二是判断球的速度与方向；三是选择自己的动作的方案；四是实现这个方案。这四个阶段组成了复杂反应过程，整个过程时间一般为 $0.25s$ 到 $1s$。实践证明，前两个阶段的时间要耗费整个反应时间的一半以上。就这两个阶段中，时间分配也不均匀，绝大部分时间在第一个阶段，第二个阶段只占少部分，约为 $0.05s$。因此，移动目标练习中要特别注意反应时间的分配特点。

首先，要重视视觉观察移动物体能力的练习。通过不同位置、方向和以不同速度的传球、能使这种能力得到提高。不过在练习中要注意力的指向和分配。其次，加强"预料"能力的培养，培养在视野中预先"观察到"和"盯住"运动物体，以及预先确定运动物体可能移动的方向和速度能力。这种能力要在技术和战术动作的提高过程中得到相应的提高。再次，有意识地引入和增加外部刺激因素，如可以在专项训练练习时增加球的数量，采用多球的游戏法练习，安排一对二的训练等。还可以采用带有程序设计装置的练习器和其他专门设备，如乒乓球、网球发球机，射击移动靶等。

② 选择动作练习。根据对手动作变化作出相应的动作反应是人体反应与专项运动密切结合的一种形式。这种练习专项化程度很高，但对专项动作的作用却十分明显。选择动作练习内容包括两部分。其一，在专项训练中是需要选择的情况复杂化。例如，在练习中提供更多的需作出反应的动作。由此增加反应过程中的选择面和难度，促进中枢神经系统分辨能力的提高，缩短反应的时间。其二，练习中努力教会运动员合理利用对手可能作出动作变化的"预先信息"。这种预先信息可从观察对手的姿态、面部表情、眼神、准备动作等情况中得到。一旦能够准确意识到对手可能采用的动作变化，就可以迅速、准确地选择相应动作来应答。

2. 反应速度的练习方法

（1）视—动反应训练。

【训练目的】

提高视—动反应速度，改善神经肌肉控制。

【方法步骤】

① 教练员准备不同颜色色板或标有不同形状的标志物，以色板为例规定运动员对不同的颜色需作出不同反应，如白色出左手，红色出右手，绿色出左脚，粉色出右脚。

② 教练员将色板背于身后，当迅速拿出色板时，运动员应迅速根据色板颜色作出正确反应。

③ 当训练达到一定成熟度后，应向专项动作过渡。如不同颜色对应不同专项动作。以网球为例，白色正手挥拍，红色反手挥拍，绿色正手截击，粉色反手截击，黑色做高压动作。

【训练要点】

① 教练员出色板要迅速，并强调运动员注意力要集中，反应迅速。

② 当运动员对一种模式适应后，教练员应及时变换模式。如调换颜色或符号。

（2）听—动反应训练。

【训练目的】

提高听—动反应速度，改善神经肌肉控制。

【方法步骤】

① 教练员规定不同的口令需要运动员需作出不同反应，如"前"需要运动员迅速向前跨出一步并迅速回位，"后"需要运动员迅速向后跨出一步并迅速回位，"左"、"右"依次类推。

② 教练员口令要短促清晰，运动员应迅速根据口令作出正确反应。

③ 当训练达到一定成熟度后，应向专项动作过渡。以网球为例，口令"1"代表正手

挥拍，口令"2"代表反手挥拍，口令"3"代表正手截击，口令"4"代表反手截击，口令"5"代表做高压动作。

【训练要点】
① 教练员应强调运动员注意力要集中，反应迅速。
② 当运动员对一种口令模式适应后，教练员应及时变换口令模式或不同声音模式。

（3）反应起跳训练
【训练目的】
发展反应动作速度。
【方法步骤】
① 多名运动员围圈面向圈内站立，圈内1人，站立在圆心附近手持小竹竿（竿长超过圆半径）。
② 训练开始，持竿者将竹竿绕过围圈运动员脚下画圆，竿经过谁脚下迅速起跳，不让竿打到自己的脚，被打到者进圈换持竿者。
【训练要点】
持竿者可突然变换划圈方向。快速、机敏地完成动作。

（4）单双数反应追逐训练
【训练目的】
发展反应动作速度和灵敏。
【方法步骤】
① 两队运动员相距2m距离面向站立，教练员规定单数队和双数队。
② 教练员发出口令，发出单数口令单数队跑，双数队追，反之双数队跑，单数队追。
③ 在15~20m距离内追上为胜，追不上为负。
【训练要点】
① 运动员快速机敏地完成动作。
② 强调追逐运动员在追上时，不能向前推被追运动员，以免发生摔倒危险。

（5）伙伴结合训练。
【训练目的】
发展反应动作速度和灵敏性。
【方法步骤】
① 运动员围成一圈，教练员站在圈内，教练员规定不同口令代表不同方向跑动以及几人结合，例如"1"代表顺时针跑动，"2"代表逆时针跑动，"3"代表三人结组，"4"代表4人结组，依次类推。
② 教练员发出不同口令，运动员根据口令迅速做出反应，如反应错误或未能结组，当被认为失败，进行如俯卧撑之类的惩罚。
【训练要点】
教练员应以运动员的第一反应为准，第一反应错的即便及时改正也被认为错误。

（6）多角球反应训练。
【训练目的】
提高运动员的反应动作及灵敏性。

【方法步骤】

① 运动员以半蹲准备姿势开始，注意力集中，盯住教练员手中的多角球。

② 教练员距运动员2m左右距离，手持多角球站立。训练时，将多角球击向运动员体前的地面，反弹后运动员迅速将变向的多角球抓住。

【训练要点】

① 由于多角球为不规则球，所以反弹的方向是随机的，运动员只能根据反弹后的方向进行反应，从而缩短了反应的时间。

② 当多角球反弹后运动员应先移动脚步，而不是完全靠手臂的伸展去抓球。

（二）动作速度训练

1. 动作速度训练的种类

动作速度寓于具体技术动作之中。因此动作速度和专项技术动作的熟练程度有直接关系。动作速度的培养，必须通过技术水平的巩固与提高，以及有关身体素质的发展才能实现。

（1）完善技术练习。

动作速度的提高，在很大程度上取决于完善的运动技术，因为动作幅度大小、工作距离长短、工作时间多少以及动作的方向、角度与部位等都与动作速度大小有着极为密切的关系。其次，在技术练习中，人体协调性会得到提高，这有利于在发展动作速度时最大程度地减少人体内部的阻力（如被动肌肉群的阻力、人体运动时内脏器官的阻力等），从而提高动作速度。

（2）利用助力练习。

指在动作速度练习中，利用外界自然条件的助力和人工因素的助力来发展动作速度。外界自然条件的助力利用重力、风力或水流力等，如田径运动员经常采用的下坡跑和顺风跑，游泳运动员顺水游等。人工因素助力可分为机械助力和人为助力，机械助力是由专门机械设备的牵引形成的，如摩托车牵引、皮条牵引等。人为助力是教练员或他人直接或间接施加给运动员顺运动方向的力，帮助运动员提高动作速度或完成某一技术环节的动作速度。如体操运动员在单杠大回环动作中，教练员顺势给运动员摆动的助力。

（3）利用后效作用的练习。

也就是利用动作加速和器械重量变化而获得的后效作用来提高动作速度。如在跳高训练中，先传沙背心或沙袋进行负重跳然后脱掉负重物进行正常跳跃获得后效应；在推铅球之前可先用加重铅球做练习而获得重量减轻后的后效作用。这是由于在第一次动作完成后，神经中枢剩余兴奋在随后的动作过程中仍然保持着运动指令，从而可以大大缩短动作的时间，提高动作速度。这种后效作用产生的效果取决于负荷量的大小和随后减轻的情况，以及练习重复次数和不同重量的练习交换次数与比例。例如，用增加重量的铅球练习后，再用标准重量铅球练习，两者的合理比例应为（1：2）～（1：3），而在用标准重量铅球进行练习后，在进行减轻重量的铅球练习，两者的比例应为1：1。

（4）加大难度练习。

加大难度练习主要是通过缩小练习完成的空间与时间界限，用特定的要求来促使动作速度的发展。如球类小场地的快速完成练习。因为运动活动中动作速度表现的平均水平和快速动作的完成在相当程度上受专项活动持续时间和活动场地的影响，因此，在动作速度的练习中，限制练习的时间、空间条件，使运动员以最大速度完成动作，从而提高训练效果。

2. 动作速度训练的方法

1）软梯步伐训练

此种训练方法需借助软梯进行。

（1）软梯快速步伐训练。

【训练目的】

发展运动员的协调性、灵敏性和运动员的步频和节奏感。

【方法步骤】

① 运动员从软梯的一端开始，使用快速小步跑的跑动技术依次踏过方格，如图4-2所示。

② 训练时，当领先脚跨过横杆后，另一只脚快速跟进跨过下一个横杆，领先脚再跨越下一个横杆，每一格中踏过一步，重复上述动作完成练习。

图4-2 软梯快速步伐训练

【训练要点】

① 始终保持正确的小步跑跑动技术，手脚要协调配合。

② 两只脚过栏时要积极主动，掌握好跑动节奏。

③ 注意力要集中，目光平视，上身保持正直或略有前倾。

（2）软梯进进出出步伐训练。

【训练目的】

提高运动员的下肢的动作速度和节奏感，改善运动员的协调性、灵敏性。

【方法步骤】

① 运动员从软梯的一端开始，屈膝重心降低，同时提踵前脚掌着地。

② 训练时，运动员两只脚快速依次在软梯的方格中进行进进出出动作，同时身体向前移动，进入下一格进行进进出出。

③ 重复上述动作完成练习。图4-3（a）为"进"的动作，图4-3（b）为"出"的动作。

(a)

【训练要点】

① 强调屈膝降低重心，以实现整个练习过程中大腿承受足够的负荷。

② 强调提踵，以提高踝关节肌群力量及敏感性。

③ 强调前脚掌着地的短促性，以提高踝关节肌群的稳定性。

（3）软梯小滑冰步训练。

【训练目的】

提高运动员下肢的动作速度和节奏感，改善运动员的协调性、灵敏性。

(b)

图4-3 软梯进进出出步伐训练

【方法步骤】

① 运动员从软梯的一端侧面开始，屈膝重心降低，同时提踵前脚掌着地，如图4-4（a）所示。

② 训练时，如图4-4（b）所示，运动员远离软梯一侧脚领先蹬地向斜前方发力；另一只脚快速跟进跨过横杆，领先脚再向该格斜前方跨出软梯；另一只脚领先向斜前方跨越下一个横杆。

③ 重复上述动作完成练习。

(a)　　　　　　　　　　　　(b)

图4-4　软梯小滑冰步训练

【训练要点】

① 强调屈膝降低重心，以实现整个练习过程中大腿承受足够的负荷。

② 强调提踵，以提高踝关节肌群力量及敏感性。

③ 强调前脚掌着地的短促性，以提高踝关节肌群的稳定性。

（4）软梯剪切步伐训练。

【训练目的】

提高运动员下肢的动作速度和节奏感，提高大腿内外肌群的力量及爆发力。

【方法步骤】

① 运动员双脚分立于软梯一横杆两侧，屈膝重心降低，同时提踵前脚掌着地，如图4-5（a）所示。

② 训练时，运动员大腿内侧肌群快速发力使双脚前后点地于软梯横杆两侧，如图4-5（b）所示，然后大腿外侧肌群快速发力恢复开始姿态，同时身体重心向前移动。

③ 重复上述动作完成练习。

【训练要点】

① 强调屈膝降低重心，以实现整个练习过程中大腿承受足够的负荷。

② 强调提踵，以提高踝关节肌群力量及敏感性。

③ 强调大腿内外侧肌群的爆发式发力和前脚掌着地的短促性。

图 4-5　软梯剪切步伐训练

（5）软梯叠加步伐训练

【训练目的】

提高运动员下肢的动作速度和节奏感，提高大腿后群肌肉的力量及爆发力。

【方法步骤】

① 运动员双脚分立于软梯一端两侧，屈膝重心降低，同时提踵前脚掌着地，如图4-6（a）所示。

② 训练时，运动员双脚踝关节同时发力迅速起跳，使一只脚前脚掌点地于软梯方格中间，如图4-6（b）所示，同时另一条腿股后肌群迅速发力，使小腿折叠于体后。然后快速还原起始姿势，同时身体重心向前移动。

③ 重复上述动作完成练习。

图 4-6　软梯叠加步伐训练

【训练要点】

强调大腿后群肌肉的爆发式发力和前脚掌着地的短促性。

（6）软梯前交叉步伐训练。

【训练目的】

提高运动员下肢的动作速度和节奏感，改善前交叉转髋移动动作的动作速率。

【方法步骤】

① 运动员从软梯的一端侧面开始，屈膝重心降低，同时提踵前脚掌着地，如图4-7（a）所示。

② 训练时，运动员远离软梯一侧脚领先向软梯方向蹬地，如图4-7（b）所示，同时向内转髋，使领先脚快速前交叉跨入软梯方格内，同时身体重心向内移动，另一只脚快速跨过软梯点地，然后领先脚跨出软梯，在软梯另一侧还原准备姿势，如图4-7（c）所示。

③ 连续变换方向重复上述动作完成练习。

(a)　　　　　　　　　　(b) 　　　　　　　　　　(c)

图4-7　软梯前交叉步伐训练

【训练要点】

① 强调蹬地转髋的连续性和快速性。

② 强调前脚掌着地的短促性。

（7）软梯后交叉步伐训练。

【训练目的】

提高运动员下肢的动作速度和节奏感，改善后交叉转髋移动动作的动作速率。

【方法步骤】

① 运动员从软梯的一端侧面开始，屈膝重心降低，同时提踵前脚掌着地，如图4-8（a）所示。

② 训练时，运动员远离软梯一侧脚领先向软梯方向蹬地，同时向后转髋，使领先脚快速后交叉跨入软梯方格内，同时身体重心向内移动，如图4-8（b）所示，另一只脚快速跨

过软梯点地，然后领先脚跨出软梯，如图4-8（c）所示，在软梯另一侧还原准备姿势。

③ 连续变换方向重复上述动作完成练习。

(a)   (b)   (c)

图4-8　软梯后交叉步伐训练

【训练要点】

① 强调蹬地转髋的连续性和快速性。

② 强调前脚掌着地的短促性。

2）专项力量训练

（1）仰卧快速斜推哑铃

【训练目的】

发展胸部、肩带肌群的速度力量，以及身体平衡和稳定能力。

【方法步骤】

① 把瑞士球放在地面上，练习者现坐在瑞士球上。向前迈步成仰卧姿势，头枕在瑞士球上，上背支撑提踵，双脚分开在地面上。

② 双手持适当重量的哑铃，首先垂直上举到胸正上方。

③ 训练时，屈臂，使上臂与胸水平面平行同时前臂与上臂垂直。连续快速上推哑铃。

【训练要点】

① 双脚距离大于骨盆宽。

② 将哑铃推至胸部正上方，下至上臂与胸水平面平行，同时前臂与上臂垂直。

（2）仰卧快速引体。

【训练目的】

发展肩部、臂部和上背肌肉群速度力量和爆发力。

【方法步骤】

① 仰卧，双手握住固定横杠，将瑞士球垫在膝关节下。

② 上引身体使下颌接触横杠。

③ 快速重复练习。

【训练要点】
① 训练时，腰背挺直，不能塌腰。
② 如果加大难度，可以逐渐把瑞士球移至小腿或脚的位置。
（3）快速滑动俯卧撑。
【训练目的】
发展胸部、肩部肌群的速度力量，以及身体支撑和稳定能力。
【方法步骤】
① 俯卧，将髋部压在瑞士球上，双臂撑地前行至小腿前部压在球上的姿势，做一个俯卧撑。
② 做一个俯卧撑后，再用双手"走路"后退至髋部压在球上的姿势。
③ 快速重复练习。
【训练要点】
① 身体保持完全伸直姿势。
② 若想加大难度，可以在俯卧撑姿势下提起一条腿，以双手和一条腿支撑完成俯卧撑。
（4）俯卧撑击掌。
【训练目的】
发展上臂后部和肩部肌群的动作速度和爆发力。
【方法步骤】
① 身体成俯卧撑姿势，双手同肩宽，双脚并拢或稍分，身体挺直。
② 俯卧撑时，向身体下方屈肘，而后快速撑起身体并击掌，恢复开始姿势，快速重复练习。
【训练要点】
① 快速完成动作，以肘部下降引导身体下降。
② 全身充分伸直，核心稳定，保持平衡。
（5）连续快速纵跳
【训练目的】
提高下肢的动作速度和爆发力。
【方法步骤】
双脚重复起跳和落地。
【训练要点】
① 强调动作速度，尽量快地完成起跳动作。
② 脚踝参与最后发力，空中身体保持相对紧张，不能太松散。
（6）连续快速传接实心球
【训练目的】
发展胸部、肩部、臂部肌群的速度力量和爆发力。
【方法步骤】
① 与同伴相对站立，微屈膝，两人根据力量情况相距约 3～8m。
② 双手持实心球于胸前，进行连续传接练习。
【训练要点】
① 训练时双臂充分伸直接球。

② 如加大难度，可以增加球的重量和两人间距离。

（7）连续快速左/右对墙抛接实心球

【训练目的】

发展下肢、髋部、躯干两侧以及肩带肌群的动作速度和爆发力。

【方法步骤】

① 侧对墙体，双脚开立，屈膝。双臂微屈持实心球。

② 训练时，身体下蹲，躯干向墙体异侧转体，形成身体"扭紧"姿势。发力时，按照蹬地、转腰、抛球的用力顺序快速将球抛向墙体。反弹后，双手接球，顺势下蹲还原成初始姿势。

③ 快速重复练习。

【训练要点】

身体环节用力顺序自下而上，迅猛完成动作。

（8）连续仰卧抛接实心球

【训练目的】

发展下肢、髋部、躯干以及肩带肌群的动作速度和爆发力。

【方法步骤】

① 两人配合练习。练习者坐于垫上，双腿屈曲，双脚撑于地面。

② 另一人站于练习者对面，与练习者相距1～3m，双手持实心球。

③ 练习时，站立者将实心球抛给练习者，练习者接球后顺势向后成仰卧姿势，当球碰地时，腹肌及肩带肌群快速发力，将球向前上抛给站立者，同时成坐姿。

④ 两人配合，快速重复练习。

【训练要点】

3）栏架训练

（1）连续反复左右快速过栏架训练

【训练目的】

主要发展运动员的协调性、侧向移动能力和神经肌肉控制能力，提高动作速度。

【方法步骤】

① 室内或室外场地，沿直线平均间距放置6～12个栏架，每2个栏架间距为60～90cm。

② 运动员侧向面对栏架，从栏架组的一端开始，靠近栏架的腿为领先腿。

③ 训练时，侧向高抬腿连续跨过所有栏架，然后迅速变成正向进行加速跑。

【训练要点】

① 始终保持正确的身体姿态，手脚要协调配合。

② 两条腿过栏时要积极主动，掌握好动作节奏。

③ 变向时转换要迅速，不要有明显停顿。

④ 注意力要集中，目光平视，上身保持正直，两肩连线始终保持与栏架垂直，两条腿依次做为领先腿进行练习。

（2）两栏连续左右侧跨步训练。

【训练目的】

主要发展运动员的协调性、侧向移动能力和神经肌肉控制能力，提高动作速度。

【方法步骤】
① 室内或室外场地，沿直线间距放置2个栏架，栏架间距为60～90cm。
② 运动员侧向面对栏架，从栏架组的一端开始，靠近栏架的腿为领先腿。
③ 训练时，侧向高抬腿连续跨过两个栏架，然后迅速反向重复相同动作。
④ 计在规定时间内动作的次数。

【训练要点】
① 始终保持正确的身体姿态，手脚要协调配合。
② 两条腿过栏时要积极主动，掌握好动作节奏。
③ 变向时转换要迅速，不要有明显停顿。
④ 注意力要集中，目光平视，上身保持正直，两肩连线始终保持与栏架垂直，两条腿依次做为领先腿进行练习。

（3）三栏连续左右前交叉训练。

【训练目的】
主要发展运动员的协调性、神经肌肉控制能力，提高前交叉动作的动作速度。

【方法步骤】
① 室内或室外场地，沿直线间距放置3个栏架，栏架间距为60～90cm。
② 运动员侧向双腿开立于第一个栏架两侧，从栏架组的一端开始，第一栏架外侧的腿为领先腿。
③ 训练时，领先腿快速前交叉直接跨过第二个栏架，然后另一只脚迅速前交叉直接跨过第三个栏架。完成后迅速变向向相反方向重复动作。
④ 计规定时间内连续前交叉动作回合个数。

【训练要点】
① 始终保持正确的身体姿态，手脚要协调配合。
② 两条腿过栏时要积极主动，掌握好动作节奏。
③ 变向时转换要迅速，不要有明显停顿。
④ 注意力要集中，目光平视，上身保持正直，两肩连线始终保持与栏架垂直，两条腿依次做为领先腿进行练习。

（三）位移速度训练

1. 位移速度训练的种类

位移速度在某种意义上可以看成是人体综合运动的能力。位移速度的快慢不仅和动作技术水平有关，而且和力量、柔韧、速度耐力以及协调性的发展也有着十分密切的关系。从另一个角度，也可把位移速度看成动作速度、速度耐力与意志力的组合。所以位移速度练习可采用以下方法。

1）力量练习

力量练习是提高位移速度的基本方法之一。常用的发展位移速度的力量练习有负重杠铃，各种跳跃和跳深等练习形式。力量水平特别是爆发力水平的提高对位移速度的提高具有相当重要的意义。但应把握以下几点原则。

（1）力量练习时，以提高速度力量为主，通常强调负重练习的练习速度。
（2）注意采用极限和次极限负荷强度，以提高快肌纤维的功能。练习次数和组数不宜过多。

（3）通过力量练习提高肌肉、韧带的坚韧性，防止在速度训练中受伤。

（4）力量练习后应有2～6周的减量练习阶段，以便能把所提高的力量能力转化到速度能力上去。

（5）多做一些超等长的力量练习（如多级跳、跳深等），以提高肌肉收缩时的快速力量。

2）重复练习

这种练习是指以一定的速度，多次重复一定距离的练习。这种方法对提高人体在快速移动中克服各种内外阻力以及耐力十分重要。采用重复练习时要重视以下问题。

（1）练习强度。

练习强度是提高运动员快速移动能力的主导因素。位移速度属极限强度，应以高强度进行位移速度练习，强度一般可控制在90%～95%左右，在此之前要安排一些中等或是中等以下强度的练习作为适应。在高强度练习中，运动员要高度集中注意力，最大响度地动员运动员肌肉力量，并加大动作速度与幅度，发挥最高速度水平。

（2）练习量。

位移速度练习要保证一定时间，但不宜过长。高强度练习一般保持持续时间在20s以内，距离30～60m，游泳10～15m，速滑100～200m位移。次数和组数的确定应根据运动员高速度出现与保持的时间，以及克服疲劳和机体恢复能力来确定。一般来说，极限负荷时间短，一组6～7次，重复5～6组。非极限负荷时间长，重复次数和组数减少。

（3）间歇安排。

间歇安排应以运动员机体相对得到恢复为标准。间歇时间的长短和练习持续时间有关。一般练习时间与间隙时间的比例为（1∶12）～（1∶20），组间休息10～20min。

（4）肌肉的放松能力。

在重复练习中，肌肉在极限强度负荷下完成最快的收缩功能，容易疲劳、恢复较慢。所以在练习中要重视提高肌肉的放松能力，也就是肌肉主动消除疲劳的能力。大量的材料表明，放松能力对速度运动项目的影响越来越大。

3）步频、步幅练习

步频步幅是影响位移速度的两个主要因素。尤其是步频受肌纤维类型神经灵活性制约，步幅受腿的长度、柔韧性、后蹬技术力量的制约。这五个因素中，只有柔韧性和后蹬技术力量通过训练能够得到改善，其他三个因素受遗传的影响后天改善的程度有限。因此，对有一定训练水平的运动员，主要通过提高步幅来提高移动速度。

4）比赛法、游戏法练习

比赛法是速度训练中经常采用的方法。由于位移速度练习时间短，经常采用比赛法是可行的。采用比赛法能够促使运动员情绪高涨，表现最大速度的可能性就会增加。在比赛的条件下，往往能比平时更快地作出反应，完成快速移动。

游戏法同比赛法作用一样，可以激起运动员高涨的情绪。同时由于游戏过程能够引起各种动作变化，还可以防止因经常安排最大速度练习而引起的"速度障碍"的形成。

2. 位移速度训练的方法

1）跑姿纠正训练

（1）摆臂训练。

【训练目的】
提高摆臂动作专门力量和学习正确的跑步上体姿势。
【方法步骤】
① 双脚前后站立，以短跑姿势前后摆臂，肘关节弯曲约90°，双手半握拳相对放松。
② 前摆手摆到约肩水平，肘角相对变小，后摆手摆到臀部之后，肘角自然变大。
【训练要点】
摆臂动作不要越过身体中线，可以采用坐姿或持重物练习。
（2）连续蹬摆腿训练。
【训练目的】
学习建立正确跑姿，提高蹬摆腿力量与速率。
【方法步骤】
① 运动员双脚并拢站立，距离墙体约1m，身体整体前倾双臂顶住墙。
② 双脚提踵，同时一条腿折叠前摆，膝关节尽量上提靠近腹部，保持躯干正直。
③ 运动员提到教练员信号（如击掌），双腿蹬摆迅速交换，同时保持躯干正直。
④ 运动员由单次完成蹬摆腿交换过渡到连续进行蹬摆腿训练。
【训练要点】
① 在整个蹬摆腿训练过程中保持躯干正直。
② 支撑腿蹬直，避免出现支撑腿弯曲以及"抠髋"。
③ 摆动腿尽量前摆，前摆时以膝关节为力点。
（3）后蹬跑训练。
【训练目的】
建立合理的蹬地角度，提高跑步蹬腿力量及速率。
【方法步骤】
① 运动员助跑，然后单腿迅速蹬地，同时另一条腿迅速前摆。
② 摆动腿迅速下压蹬地，同时原支撑腿迅速前摆。
③ 运动员快速连续进行行进间后蹬跑训练。
【训练要点】
① 后蹬跑训练时，蹬地腿动作要尽量快并保证合适的蹬地角度。
② 整个后蹬跑训练都要以正确的摆臂进行配合。
（4）高抬腿折叠跑训练。
【训练目的】
提高快速提膝的力量和摆动腿折叠速率。
【方法步骤】
① 运动员从慢跑开始，蹬地腿结束蹬地后，大小腿折叠并迅速前摆。
② 摆动结束后，主动压大腿小腿相对放松，前脚掌积极做"扒地"动作。
③ 动作重复进行。
【训练要点】
① 折叠要充分，摆动要迅速。
② 运动员上体保持正直，可以根据能力适当加快步频。

（5）小步跑训练。
【训练目的】
提高脚的动作速度和发展踝关节肌群弹性力量。
【方法步骤】
① 采用很小的步长快跑，强调大腿主要参与发力，小腿相对放松，前脚掌主动扒地。
② 动作技术要领为"抬大腿，带小腿，压大腿，放小腿，前脚掌积极扒地"
【训练要点】
① 强调小腿相对放松。
② 尽量减少前脚掌与地面的接触时间。
（6）直腿跑。
【训练目的】
发展髋部肌群力量，提高踝关节肌群弹性力量。
【方法步骤】
膝关节伸直跑进，脚尖踮起。
【训练要点】
强调前脚掌与地面的快速接触，髋部肌群用力向前"拉动"身体。
2）栏架训练
（1）连续高抬腿（一步、两步、三步）快速过栏架训练。
【训练目的】
提高跑步节奏和下肢动作速率。
【方法步骤】
① 将栏架以1m间隔依次摆开。
② 运动员快速高抬腿过栏，栏间可进行一步、两步或三步高抬腿。
③ 运动员重复动作，快速依次高抬腿跨过栏架。
【训练要点】
① 注意栏间节奏，不能忽快忽慢。
② 注意高抬腿幅度，保证过栏以及栏间动作幅度的一致性。
（2）连续过递增远度栏架训练。
【训练目的】
提高跑步节奏及对身体重心的控制能力，改善途中跑蹬地效果。
【方法步骤】
① 将栏架以递增距离依次摆开，第一间距约50cm，每栏间距以20cm递增，最大间距根据所训练运动员的能力确定。
② 运动员从第一栏架以高抬腿开始向前跑进，随栏距的增加逐渐减小蹬地角度，增大步幅，加大蹬地力量和速度。
③ 运动员重复动作，快速依次跨过栏架。
【训练要点】
① 运动员在跑进过程中，强调跑动节奏，避免以"倒步"来调整。
② 运动员的跑进速度是随栏间距的增加逐渐增加的。
③ 运动员跑进过程中，应该靠减小蹬地角度并增加蹬地力量来增大步幅的，避免出现

运动员过度摆腿，造成支撑点过度靠前而影响速度。

（3）连续过递减远度栏架训练。

【训练目的】

提高跑步节奏及对身体重心的控制能力，提高下肢动作频率。

【方法步骤】

① 将栏架以递减距离依次摆开，第一间距约200cm，每栏间距以20cm递减，最小间距以不小于50cm为标准。

② 运动员在距第一栏架5m的距离加速助跑依次跑过栏架，随栏距的递减逐渐增大蹬地角度，减小步幅，加快频率，逐渐过渡到高抬腿。

③ 运动员重复动作，快速依次跨过栏架。

【训练要点】

① 运动员在跑进过程中，强调跑动节奏。

② 运动员的跑进水平速度是随栏间距的增加逐渐减小的。

③ 运动员跑进过程中，应该靠增加蹬地角度，提高动作频率来减少步幅的，避免出现重心过度前移或过度后仰，造成跑动节奏打乱而无法维持正常的跑进。

（4）连续垫步过栏架训练。

【训练目的】

提高等摆腿动作所参与肌群力量，改善蹬摆效果。

【方法步骤】

① 将栏架以1m间隔依次摆开。

② 运动员从第一栏架开始，以高垫步依次过栏。

③ 栏间可以是一步、两步或三步，一步主要是提高运动员的蹬地效果，而两步或三步主要是提高运动员的蹬摆节奏。

④ 运动员重复动作，快速依次垫步跨过栏架。

【训练要点】

① 运动员垫步行进过程中，应强调支撑腿充分蹬直，摆动腿膝盖充分上提小腿放松。

② 运动员垫步行进过程中，核心区域应相对稳定，躯干正直，避免出现"抠髋"。

3）阻力/助力训练

（1）垫步高抬腿拉阻力带训练

【训练目的】

提高跑进过程中，摆动腿所参与肌群力量，改善摆腿效果。

【方法步骤】

① 运动员将阻力带固定到两个踝关节处。

② 运动员以最快速度连续垫步高抬腿。

【训练要点】

① 运动员在训练过程中，摆动腿膝盖应尽量上提，小腿相对放松。

② 蹬地腿充分蹬直，尽量加大蹬摆腿夹角。

（2）连续折叠踢腿快速下扒地拉阻力带训练。

【训练目的】

提高摆动腿摆动和折叠腿所参与肌群力量，提高伸髋动作速率。

【方法步骤】

① 运动员将阻力带一端固定到一个踝关节处，另一端固定于地面高度。以站立时阻力带自然拉直为标准。

② 运动员来阻力带腿快速完成"折叠-前摆-下扒地"动作，快速连续进行。

③ 两腿交换训练。

【训练要点】

① 运动员在训练过程中，支撑腿始终保持蹬直状态，踝关节可配合摆动腿做屈伸动作。

② 折叠摆动要充分，下扒地要迅速。

（3）拉阻力带跑动训练。

【训练目的】

提高跑进的速度力量和爆发力，增加步长。

【方法步骤】

① 运动员腰部系上阻力带，阻力带的另一端由教练员或陪练握住。

② 训练时，教练员握住一端不动，运动员迅速加速跑进，当阻力带拉到一定程度时，教练员随运动员一起跑动，但仍尽量拉紧阻力带给运动员施加足够的阻力。

【训练要点】

强调正确的跑进技术，根据运动员的能力施加适当的阻力，保持跑进的加速节奏。

（4）阻力伞跑动训练。

【训练目的】

提高跑进的速度力量和爆发力，增加步长。

【方法步骤】

① 运动员腰部系上阻力伞。

② 训练时，运动员加速跑进，一直到阻力伞完全撑开，并尽量加速保持伞的撑开状态。

【训练要点】

强调正确的跑进技术，保持跑进的加速节奏，以保持阻力伞的撑开状态来给运动员施加足够的阻力。

（5）阻力带起动训练。

【训练目的】

提高起跑的爆发力，改善起动的效率。

【方法步骤】

① 运动员腰部系上特制的阻力带起动装置，起动装置的另一端有教练员握住。运动员与教练员的距离以阻力带自然拉开为标准，运动员以起动准备姿势开始。

② 当运动员听到教练员口令时，以最快速度起动冲刺。

③ 随着运动员距离的增大，阻力带施加给运动员的阻力也随之增大，阻力增大到一定程度，阻力带的挂钩脱开，阻力也随之消失，运动员速度迅速增大。

【训练要点】

① 训练前运动员应以中速进行适应性训练。

② 由于起动瞬间阻力带就会给运动员施加阻力，并随着距离的增大阻力增大，并且阻力达到一定程度会瞬间消失，所以存在一定的危险性，运动员训练时一定要集中注意力。

（6）上坡跑训练。

【训练目的】

提高起跑的爆发力，增加步长。

【方法步骤】

在20°～35°或更大角度斜坡上进行上坡冲刺跑训练。

【训练要点】

① 保持正确的跑姿，尽量增加摆动腿的幅度以增加步长。

② 争取在最短的时间内跑动更长的距离。

（7）助力起跑的训练。

【训练目的】

提高起跑速度和跑动步频，突破速度障碍。

【方法步骤】

① 运动员腰部系上弹力带，弹力带另一端系在固定物体上或由教练员握紧。

② 运动员将弹力带适当拉开，并采用起跑准备姿势准备。

③ 当听到起跑口令时，在助力牵引情况下迅速起跑，并快速跑进。

【训练要点】

运动员可以随着助力适应程度的增加，逐渐增加助力力量，以达到最大训练效果，但不可盲目增大以避免危险性的增加。

（8）下坡跑训练。

【训练目的】

提高跑动频率。

【方法步骤】

在20°～35°或更大角度斜坡上进行下坡冲刺跑训练。

【训练要点】

① 保持正确的跑姿，尽量增加跑动频率以增加速度并维持平衡。

② 争取在最短的时间内跑动更长的距离。

 学习实践

一、小组学习实践

1.组内讨论：速度素质分为哪几类？主要影响因素是什么？

2.组内实践：列举并互助实践每一种速度素质的主要训练方法。

二、提高学习实践

一名跳高运动员，要想提高其起跳速度，有哪些针对性速度训练方法？

 总结复习

1.速度素质是指人体获得高速度的能力，是在特定动作中应用爆发力的标志，它是人体的基本运动素质，包括人体快速完成动作的能力和对外界刺激快速反应的能力，以及快

速位移的能力。在竞技体育中，这三种速度素质对于运动员的运动表现都至关重要，但由于项目特点不同，往往又有所侧重，例如径赛，特别是短跑对反应速度和位移速度的要求就非常高，而像乒乓球、羽毛球、网球等隔网对抗的个人项目就对运动员的反应速度、脚下动作速度以及末端环节的位移速度要求非常高。

2. 不同速度素质所采用的训练方法有所不同，一般有较强的针对性。速度训练对神经兴奋性要求较高，往往放在训练前部，为使人体的工作能力得到完全恢复，并能够维持神经系统的兴奋性和最佳体温，一般速度训练中，训练与练间休息时间的比例控制在（1∶12）～（1∶20）之间。科学、系统和针对性的速度训练能够较好地提高运动员的速度素质。

阅读材料
关于速度训练的阶段划分

训练的阶段划分通常是指运动员为了准备和迎接最重要的比赛，按照一定的周期将训练频度、负荷强度和负荷量有序组织，以达到最佳竞技状态的计划和实施过程。运动员速度训练的效果在年度训练的专门准备期和比赛期尤为重要，它是取得优异成绩的重要基础。这里，我们主要介绍速度训练的年度训练周期。

根据训练的目的，年度训练周期被分为三个特定的阶段。在第一个阶段中，将会增加训练的负荷量来为第二阶段训练负荷强度的增加做准备，而年度的最后一个阶段将以提高和稳定比赛成绩为目的。

（一）准备期

这一阶段的训练应该以发展运动员的有氧耐力、弹性力量、灵活性和技术动作的效率为主要目的。

采用一般训练的和专门训练手段相结合的训练方法。一般训练如游戏、法特莱特跑；专门训练如跳跃练习、技术练习。在技术训练中练习的强度必须有所变化，但是整个训练阶段运动员应该保持放松、节奏稳定。当运动员力量和步频的提高影响到技术稳定性时，练习的强度就应该减小，以便与运动员的技术水平相适应。在技术训练中，运动员应该把注意力主要集中在运动的过程上，而不是如何发挥出更大的力量，最后还应该进行一些加速的练习。

（二）适应期

这一阶段的训练应该采用一些专门的手段来发展运动员的速度、速度耐力和弹性力量能力。当影响速度发展的诸多因素都起作用时，必须经常安排一些次最大强度和最最大强度的训练，其中包括完整的准备活动和整理活动，而一些专门的灵活性（主动或被动）也应该在准备活动之中。

（三）比赛期

这一阶段比赛密度的安排必须适合于运动员个人特点。弹性力量、积极的恢复和低强度的训练单元也包括在这一阶段之中；另外，在这一阶段的每个周期训练的小周期中的每2～4个训练单元中应该安排一些最大强度的速度练习。

能够用来评价比赛密度安排情况的次最大强度或最大强度的速度耐力训练也应该包括在这一阶段之中。

速度素质的影响因素

影响速度素质水平的因素较多，主要体现在以下几点。

（一）肌纤维类型

这一因素主要受遗传影响。在每个运动员不同的身体部位总共发现了三种类型的骨骼肌肌纤维，见表4-1。

表4-1　骨骼肌肌纤维类型及特点

类型	慢收缩的红肌纤维（Ⅰ型肌纤维）	快收缩的红肌纤维（Ⅱa型肌纤维）	快收缩的白肌纤维（Ⅱb型肌纤维）
特点	供能时耗氧量大、收缩速度慢、输出功率低，在发展快速力量以及无氧工作能力方面潜力有限	是一种中间型的肌纤维。既可以进行有氧运动也可进行无氧运动。产生力量比较快，具有适度的抗疲劳能力、收缩时间、功率输出、无氧工作能力和有氧工作能力	供能时耗氧量小，甚至不需要氧气就可以产生能量、收缩速度快、输出功率大

备注：含快肌纤维百分比高的运动员爆发速度更快、收缩力更强，这类运动员较快肌纤维较少的运动员有更大的速度潜力。

（二）神经兴奋过程

人体动作程序中兴奋和抑制神经元之间的高频率转换，以及运动神经元精确的选择和调节，再加上最优化的肌纤维募集和肌肉发力方式，才有可能实现高速或高频率的运动。这是人体以最大速度移动肢体的基本能力。

（三）肌肉弹性和神经反射机制

指利用肌肉的弹性成分和特性来满足运动开始阶段较高的加速度或"快速冲击力"要求的能力。肌肉弹性能力和神经反射机制与相对力量和弹性力量有关。

（四）生物化学因素

速度与肌肉中专门能量供应过程有关，如无氧乳酸供能及其代谢效率等。短时间最大强度的运动刺激能够提高肌肉的无氧乳酸代谢能力。

（五）肌肉放松能力

肌肉的放松能力能够保证练习中人体肌肉的伸展自如，并且能够作为人体高频率运动中流畅地完成技术动作的生理基础。如果肌肉的放松能力没有得到提高，运动过程中所应达到的动作幅度就不能够实现，尤其在开始进行反向运动的转折时，主动和协同肌群将不得不克服巨大的阻力。通过训练能够使运动员学会放松那些不直接参与关节活动的肌肉，尤其当运动员疲劳的时候，放松能力是极其重要的。

（六）集中注意力能力和速度感的建立

运动员必须最大程度地集中注意力才能够实现运动的最大速度。然而，运动员除了身体的感觉和秒表的记录之外没有任何可以参照的注意力集中点。而人体的自身感觉常常会发生错误，因此，教练员必须确保能够给予运动员所有有关的速度和时间的正确信息，培养出准确的速度感。

（七）速度障碍

如果年轻运动员在训练中的练习手段过于单一，或是高水平运动员在训练中忽略了发展弹性力量的专门练习，将会出现速度障碍。运动员在最大强度的速度训练中由于形成了"动力定型"（如一直采用不变的训练模式），从而使速度的进一步提高变得很困难，甚至停止。因此，不断突破速度障碍是速度训练的重要内容之一。

我们知道，速度素质可分为反应速度、动作速度和位移速度三种基本表现形式。而对于影响这三种形式速度的因素也存在不同。

1. 影响反应速度的因素

反应速度以信息流传输和处理过程的反应时长为基础。反应时长越短，动作速度越快；反之越慢。以下因素能够加快反应速度带来的影响，反之就会减慢反应速度。

（1）刺激信号的简单化和熟悉程度。
（2）需要选择的动作数量。
（3）动作练习的积累数量。
（4）感觉器的敏感度。
（5）身体机能状态。

2.影响动作速度的因素

动作速度寓于具体技术动作之中。因此动作速度和专项技术动作的熟练程度有直接关系。以下因素能够加快动作速度带来的影响，反之就会减慢反应速度。

（1）信号在各环节中神经传递的速度。
（2）神经系统对人体运动器官指挥能力。
（3）人体各器官系统的准备状态。
（4）快肌纤维数量或在肌肉中的比例。
（5）肌肉的弹性、肌肉之间的协调性和柔韧性。
（6）快速力量与速度耐力水平。
（7）技术动作熟练程度高。

另外，动作速度直接受到力量、柔韧、灵敏等身体素质发展水平的制约。

3.影响位移速度的因素

位移速度是指在周期性运动中，单位时间内人体快速位移的能力。受以下因素直接影响。

（1）神经兴奋与抑制过程的灵敏性。
（2）人体各个器官系统的准备状态。
（3）快肌纤维数量或在肌肉中的比例。
（4）快速力量与速度耐力水平。
（5）肌肉之间的协调性和肌肉放松能力。
（6）下肢的长度和肌肉弹性与柔韧性。

运动技能的巩固程度。

第二节　爆发力训练方法

你知道吗？

爆发力对人的日常生活有什么影响？

你打过篮球吗？怎样才能抢得更多的篮板球？

一、爆发力基本概念

爆发力又称弹性力量，是人体神经肌肉系统通过肌肉快速的收缩来克服阻力的能力。

爆发力对所有需要"爆发性"有力运动项目（如"跑、跳、投"和技击等）的成绩起着决定性作用。

神经肌肉系统通过反射活动、肌肉弹性成分和收缩成分之间的协调，来接受和对抗外界施加的快速负荷。尽管在肌肉产生爆发力的机制内，有收缩力量和收缩速度同时参与进来，但神经反射活动和肌肉弹性成分之

二、爆发力训练与其他力量训练的顺序安排

如图4-9所示，一堂训练课中爆发力与其他抗阻训练的顺序安排掌握以下原则。

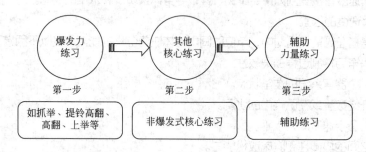

图4-9 爆发力与其他抗阻训练的顺序

先安排爆发力练习、再安排其他核心练习、然后安排辅助力量练习。爆发力练习，如抓举、提铃高翻、高翻、上举，应该安排在最先进行；之后应该是非爆发式的核心练习；最后是辅助练习。也有一些文献将这种安排称为先多关节肌练习，后单关节肌练习或先大肌群练习，后小肌群练习。爆发力练习是所有抗阻练习中最讲究技术、最需要集中注意力的练习，也是最容易受到疲劳影响的练习。运动员在疲劳后进行爆发力练习容易以错误动作完成练习，进而容易引起损伤。爆发力的运动形式以及在爆发力练习中容易动员大量肌肉，也是最消耗能量的练习。开始时运动员精神状态较好，也是安排运动员先进行爆发力练习的又一原因。

三、爆发力训练的训练进程

爆发力的提高来自于身体素质的不断提高，如图4-10所示。

1. 运动能力训练

最基础的训练水平被称为"运动能力"。也称为"为训练而训练"的阶段或训练准备阶段。就青少年（11～13岁）或未经

图4-10 爆发力训练进程

过训练的老运动员而言，此阶段训练时间长达8～12周，此阶段主要发展以下几个方面的素质。

（1）核心力量。它是个体稳定关节与躯干的能力，是提高爆发力的基础，是把机体各部分联系起来的力量。

（2）关节的灵活性。它是关节内部与关节之间运动所能达到的正常活动范围，包括肌肉的柔韧性与结缔组织的伸展性。

（3）力量耐力。它是较长一段时间能够持续发挥高水平肌肉力量的能力。

（4）无氧能力。它是在短距离运动中（不超过90s），能够持续耐受接近最大用力或最大用力的能力。

（5）身体组成。它是机体完成体育运动的效率。通过训练可以对肌肉与脂肪比例产生影响。

（6）有氧耐力。尽管爆发力的提高本质上是无氧能力的提高并且也是主要通过无氧训练方法来训练，但是有氧耐力对于练习之间与训练阶段之间的恢复非常重要。可是从事爆发性运动的运动员从来不把有氧训练作为训练的主要形式。有氧训练应该作为身体素质提高的辅助形式，并安排在准备活动与放松活动中，运动员也可在非训练器进行有氧训练。

2. 力量训练

提高力量是一名爆发力很好的运动员成长过程中的第二个阶段。力量有多种形式并且远比提高某一肌肉张力复杂。例如，在体能训练计划中有以下分类。

（1）最大力量。它是指个体能够在任何时刻所能举起的最大重量。

（2）相对力量。它是指相对体重所产生的力量。

（3）静止力量。它是指保持与稳定身体姿势的能力。

（4）离心力量或退让力量。它是肌肉在被拉伸时所产生力量的能力。该力量对成功完成爆发式动作如跳、突起突停或者变向是十分关键的。

3. 速度力量训练

速度力量是运动员运动能力提高的关键因素，它是爆发力提高的基础。这对于运动员而言似乎并不十分熟悉。为了适应从力量房到训练场的转换，运动员必须考虑对训练做出调整。该训练的内容包括：

（1）起动力量。它是指即刻产生最大力量的能力。

（2）快速力量。它是指运动员产生力量的速度。

（3）反应弹性力量。它是向心力量与离心力量的结合。我们可以通过从离心或制动，收缩到向心或加速，收缩之间的方向转换所用的时间（例如，0.25s或短于0.25s）来测量其力量的大小。

这里的练习是为运动员个体专门设计的，并且动力性练习占主导。如果训练的目的在于提高其最大力量，那么他们有能力提高其最大力量，但力量提高的速度没有发生变化。运动员能够在力量房表现出最大的力量，在运动场上却不能表现出相同的力量。这可能是过去教练员轻视抗阻训练的原因，其实必须注意到在运动员变得更加高大强壮时，却缺乏提高实际比赛的能力。

上述练习必须遵循一个原则，即训练在生物力学方面或速度方面必须专业化，必须符合项目要求，实心球与超等长训练都是在这一原则下进行的专项训练手段。

4.速度/爆发力训练

运动员在追求最佳竞技成绩时,其训练的最终目标是速度训练。该训练可以提高运动员在一定的动作范围内以最短的时间移动部分身体或整个身体的能力。提高速度的内容包括。

(1)加速度。它是动作速度的增加速率。

(2)绝对速度。它是在运动中所能达到的最高速度。

(3)速度耐力。它是在竞技水平没有显著下降的情况下,能够重复保持动作高质量的能力。

(4)专项速度。它在田径场,或球场上所表现出与运动专项形式相适应的速度。

爆发力提高的过程可能要比运动员所想象的要长。运动员的许多特性以及他们所从事的运动会影响爆发力的进展。包括性别、年龄、训练经验、遗传以及运动项目都在考虑范围之内。要想达到顶级选手的技术水平,需要耐心学习,要知道成为一名爆发力很强的运动员并非易事。没有坚实的力量作基础,没有合理的指导和精心设计的训练计划为后盾,爆发力将很难提高。

技术实训

一、杠铃哑铃爆发力训练方法

(一)快速高拉

【训练目的】

发展腿部、背部和肩带向上拉引力量,以及全身协调能力和爆发力。

【方法步骤】

(1)将杠铃放在身体两侧40~50cm高的支撑物上。

(2)双手宽间距握住杠铃杆,双臂伸直,屈膝半蹲,身体相对挺直。

(3)由半蹲姿势开始,腿、髋、肩带肌群依次自下而上尽量快速向上提拉杠铃。

(4)返回开始姿势重复练习。

【训练要点】

(1)快速完成动作过程。

(2)腿、髋、肩带肌群依次自下而上快速用力。

(3)尽量高的提起杠铃。

(二)快速高翻

【训练目的】

发展腿部、背部和肩带向上拉引力量,以及全身协调能力和爆发力。

【方法步骤】

(1)将杠铃放在地面上,双手宽间距握住杠铃杆。

(2)由下蹲姿势开始,蹬腿、伸髋、提铃自下而上依次快速用力。

(3)当杠铃提至接近胸上部时,主动有控制下蹲,同时翻肩、屈臂、翻腕支撑,将杠铃固定在胸部。蹬直身体使身体成直立姿势。

【训练要点】
(1)快速完成动作过程。
(2)腿、髋、肩带肌群依次自下而上快速用力。
(3)掌握好翻肩、屈臂、翻腕的时机。

(三)快速抓举
【训练目的】
发展腿部、背部和肩带向上拉引力量,以及全身协调能力和爆发力。
【方法步骤】
(1)将杠铃放在地面上,双手宽间距握住杠铃杆。
(2)由下蹲姿势开始,蹬腿、伸髋、提铃自下而上依次快速用力。
(3)当杠铃提至接近胸上部时,主动有控制下蹲,同时翻肩、翻腕上推,将杠铃举至头后上部。
(4)蹬直身体使身体成直立姿势。
【训练要点】
(1)快速完成动作过程。
(2)腿、髋、肩带肌群依次自下而上快速用力。
(3)掌握好翻肩、翻腕、上推的时机。

(四)连续快挺
【训练目的】
发展腿部、背部和肩带向上拉引力量,以及全身协调能力和爆发力。
【方法步骤】
(1)翻肩、翻腕将杠铃固定在胸部。
(2)双手以肩宽为间距握住杠铃杆。身体成直立姿势。
(3)训练时,减低身体重心,双腿快速蹬地,同时双臂顺势快速上举杠铃。双腿成弓箭步直臂支撑杠铃。
(4)可以以单次形式完成(较重负荷),也可多次重复进行(较轻负荷)。
【训练要点】
(1)快速、连贯完成动作,下肢完成弓箭步与上举动作同时完成。
(2)腿、髋、肩带肌群依次自下而上快速用力。

二、实心球爆发力训练方法

(一)前抛实心球
【训练目的】
发展下肢、背部、肩部和上肢的爆发力和动作速度。
【方法步骤】
(1)练习者面对投掷方向,如图4-11(a)所示,双脚开立,距离同肩宽至一肩半宽,双手持实心球举过头顶,如图4-11(b)所示。
(2)练习者体前屈呈深蹲姿势,下摆实心球至小腿间并接近地面,如图4-11(a)所示。

（3）练习者迅速蹬腿、挺身、挥臂向身体前上方抛出实心球。

图 4-11　前抛实心球

【训练要点】
（1）练习者在每次抛球过程中，尽量保证用最大爆发力抛球。
（2）身体环节用力顺序自上而下，避免只用背肌发力。

（二）上步双手推实心球

【训练目的】
发展下肢、躯干和上肢的爆发力和动作速度。

【方法步骤】
（1）练习者双脚以肩宽左右开立面向同伴，双手持实心球，如图4-12（a）所示。
（2）双手引球至胸前，当球接近身体时，向前跨一步同时双臂借势迅速将球推出，如图4-12（b）（c）所示。
（3）同伴接到球后，以同样动作将球推出。

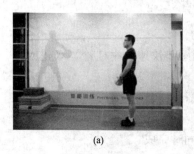  

图 4-12　上步双手推实心球

【训练要点】
（1）身体环节自下而上顺序用力，快速完成动作过程。
（2）保证跨步和推球的同步性。

（三）侧抛实心球

【训练目的】
发展下肢、腰部、肩部的爆发力和动作速度。

【方法步骤】
（1）两名练习者面对面站立相距 8～12m。

（2）任意一名练习者双手持实心球，下蹲转体把腰部扭紧，如图4-13所示。
（3）迅速蹬地、转体将实心球抛出。
（4）同伴接到球后以相同动作将球抛回。
（5）在每个人练习10次左右后，换另一侧练习。

【训练要点】
（1）转体引球时须将腰部扭紧。
（2）保证环节自下而上顺序用力，避免只用腰部发力。

（四）后抛实心球

【训练目的】
发展下肢、背部、肩部和上肢的爆发力和动作速度。

【方法步骤】
（1）练习者背对投掷方向，双脚开立，距离同肩宽至一肩半宽，双手持实心球于身体前方。
（2）练习者体前屈呈深蹲姿势，下摆实心球至小腿间并接近地面，如图4-14（a）所示。
（3）如图4-14（b）所示，练习者迅速蹬腿、挺身、挥臂向身体后上方抛出实心球。

图4-13　侧抛实心球

(a)　　　　　　　　　(b)

图4-14　后抛实心球

【训练要点】
（1）练习者在每次抛球过程中，尽量保证用最大爆发力抛球。
（2）身体环节用力顺序自上而下，避免只用背肌发力。

（五）后抛实心球接转身加速跑

【训练目的】
发展下肢、背部、肩部和上肢的爆发力和动作速度，发展水平位移速度。

【方法步骤】

（1）练习者背对投掷方向，双脚开立，距离同肩宽至一肩半宽，双手持实心球于身体前方。

（2）练习者体前屈呈深蹲姿势，下摆实心球至小腿间并接近地面。

（3）练习者迅速蹬腿、挺身、挥臂向身体后上方抛出实心球。

（4）实心球抛出后，迅速转体并以最快的速度去追球。

【训练要点】

（1）练习者在每次抛球过程中，尽量保证用最大爆发力抛球。

（2）身体环节用力顺序自上而下，避免只用背肌发力。

（3）抛球结束后，转体加速一定要连贯，并保证以最快速度完成。

（六）肩上侧手抛实心球

【训练目的】

发展全身转动用力的速度力量，培养环节自下而上的顺序用力的能力。

【方法步骤】

（1）练习者背对投掷方向，双脚开立，距离同肩宽至一肩半宽，双手持实心球于身体前方。

（2）练习者屈膝、收腹，抛球前下蹲，将球沿身体一侧转到身后，如图4-15（a）所示。

（3）练习者迅速蹬腿、转体将实心球从身体另一侧肩上向后抛出，如图4-15（b）所示。

（4）练习超过10次后，换另一侧抛球。

(a)　　　　　　　　　(b)

图4-15　肩上侧手抛实心球

【训练要点】

（1）练习者在每次抛球过程中，尽量保证用最大爆发力抛球。

（2）身体环节用力顺序自上而下，避免只用腹、背肌发力。

（七）双手接实心球头上抛

【训练目的】

发展下肢、腹部、肩部和上肢的动作速度和爆发力。

【方法步骤】

（1）练习者双脚开立，面对抛掷方向，直臂与胸前接同伴抛过的实心球，接球后顺势引球经头顶与身后，身体呈背弓姿势，如图4-16（a）所示。

（2）蹬地、挺身、挥臂向身体前上方向抛回实心球给同伴，如图4-16（b）所示。

（3）重复练习。

图4-16 双手接实心球头上抛

【训练要点】

（1）身体环节用力顺序自下而上，爆发式发力。

（2）接球后引与抛球转换迅速，保证肌群超等长收缩的质量。

（八）持实心球侧蹲

【训练目的】

发展下肢、腰部和肩部控制力。

【方法步骤】

（1）练习者双手持实心球于胸前，双脚以肩宽左右开立，如图4-17（a）所示。

（2）向左跨步下蹲呈侧蹲姿势，重心移到左腿上。同时充分快速前伸双臂前送实心球，如图4-17（b）所示，并保持这个姿势2s。

（3）右腿蹬离地地面成开始姿势，收回实心球，如图4-17（c）所示。

（4）重复，左跨10步后，换右跨。

【训练要点】

（1）身体侧移时，保证重心在一直线上水平运动，避免上下起伏。

（2）侧移时，躯干不得扭转。

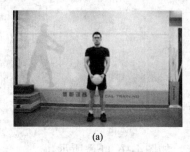  

图 4-17　持实心球侧蹲

（九）蹲跳传接实心球

【训练目的】

发展全身速度力量和爆发力。

【方法步骤】

（1）练习者双手持实心球，与同伴相距 6 步左右相对站立。

（2）传球前下蹲，胸前持球，伸膝、伸髋人体爆发式地跳起双手向前方推出实心球，如图 4-18（a）（b）所示。

（3）同伴借反弹球，做相同动作传实心球。

图 4-18　蹲跳传接实心球

【训练要点】

身体环节用力顺序自下而上，爆发式发力。

（十）仰卧起坐抛实心球

【训练目的】

发展腹部、肩部和上肢的爆发力。

【方法步骤】

（1）如图 4-19（a）所示，练习者面对面坐在垫子上，两人脚互相钩住对方。

（2）任何一名练习者持实心球后仰，使实心球着地，如图4-19（b）所示。着地后收腹、挥臂将球抛出，如图4-19（c）所示。

（3）同伴接球后以相同动作完成传递。

 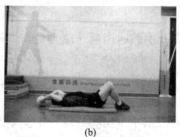 

(a) (b) (c)

图4-19 仰卧起坐抛实心球

【训练要点】

（1）持球后仰与收腹抛球连接迅速。

（2）身体环节自下向上顺序发力，避免肩领先腹肌发力。

（十一）仰卧膝/踝夹实心球转髋

【训练目的】

增强复直肌、腹外斜肌以及髂腰肌的力量，以及腿部内收肌力量。

【方法步骤】

（1）如图4-20（a）(b)（c）所示，练习者仰卧于地面，双臂向体侧方向伸展。膝角呈90°弯曲，夹住实心球进行左右方向快速转动。

（2）若想增加难度伸直双腿，用双脚夹住实心球进行左右方向的转动练习，如图4-21（a）(b)（c）所示。

  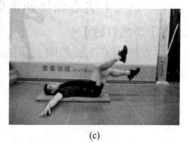

(a) (b) (c)

图4-20 仰卧膝/踝夹实心球转髋（1）

(a) (b) (c)

图4-21 仰卧膝/踝夹实心球转髋（2）

【训练要点】

无论是膝还是踝夹球练习，尽量保障双肩的着地。

（十二）跪姿俯卧撑推实心球

【训练目的】

发展胸部、肩部、上臂后部和手腕肌肉群速度力量和爆发力。

【方法步骤】

（1）两个练习者相对跪立，相距 5～8m，其中一名练习者胸前持实心球，如图4-22（a）所示。

（2）持球人身体前倒顺势向上双手推出实心球，如图4-22（b）所示；推出后双手撑地，如图4-22（c）所示；撑地后双手迅速推地，将身体恢复跪立姿势，准备接球。

（3）同伴以相同程序完成动作，两人重复练习。

图4-22 跪姿俯卧撑推实心球

【训练要点】

（1）两人始终目光接触，协调配和。

（2）推实心球和地面的推撑尽量保证速度，以最大限度发展爆发力。

（十三）实心球快速俯卧撑

【训练目的】

发展肱三头肌和胸大肌的爆发力和肩部控制力。

【方法步骤】

（1）如图4-23（a）所示，练习者呈俯卧撑姿势，双手撑地，实心球放于胸下，双脚同肩宽分开，脚掌撑地，收紧腹背肌群，身体成一线。

图4-23 实心球快速俯卧撑

（2）俯卧撑，快速推撑至实心球上，紧接在实心球上完成一个俯卧撑，如图4-23（b）所示；再推离实心球，如图4-23（c）所示；至双手撑地，重复练习。

【训练要点】

（1）练习者完成动作时，全身充分伸展，收紧腰腹，保持平衡。

（2）推撑迅速最大限度发展爆发力，双肩控制平衡。

（十四）实心球快速移动俯卧撑

【训练目的】

发展肱三头肌和胸大肌的爆发力和肩部控制力。

【方法步骤】

（1）练习者俯卧、一手撑在实心球上，一手和双脚撑地，身体成一条直线，如图4-24（a）所示。

（2）以上述姿势完成一次俯卧撑，然后撑球手拨动实心球至另一手，再完成一次俯卧撑，双手轮流撑球完成俯卧撑，重复练习，如图4-24（b）（c）所示。

（3）练习者完成动作时，全身充分伸展，收紧腰腹，保持平衡，如图4-24（d）所示。

（4）推撑迅速最大限度发展爆发力，双肩控制平衡。

（a） （b） （c） （d）

图4-24 实心球快速移动俯卧撑

（十五）俯卧快速后屈腿抛实心球

【训练目的】

发展股后肌群力量和爆发力，加强腘绳肌力量和爆发力。

【方法步骤】

（1）如图4-25（a）所示，练习者俯卧于垫子上，同伴双脚开立于练习者躯干两侧，面向其双脚站立，双手持实心球。

（2）如图4-25（b）所示，同伴体前屈，将实心球由练习者股后向脚跟处滚出，当实心球滚至练习者脚跟处，练习者迅速屈小腿，将实心球抛出，同伴接球。重复练习。

【训练要点】

（1）练习者双腿并拢，收腿迅速。

（2）同伴接球时要将球保护好，以免实心球落下砸伤练习者。

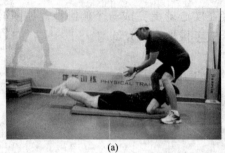
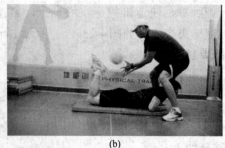

图4-25 俯卧快速后屈抛实心球

（3）练习者完成动作时，全身充分伸展，收紧腰腹，保持平衡。
（4）推撑迅速最大限度发展爆发力，双肩控制平衡。

（十六）侧滑步左右抛实心球

【训练目的】
发展腿部、腰腹和肩部速度力量和爆发力。

【方法步骤】
（1）两名运动面对面站立，相距5～8m，任意一名练习者屈膝、屈髋。另一名练习者持实心球，双脚开立。
（2）屈膝练习者向一侧快速滑步，同时，持球人员沿滑步方向将实心球抛给滑步练习者。
（3）练习者接球后迅速转体引球，然后迅速将实心球抛向同伴，然后向相反方向滑步，重复抛球滑步练习。

【训练要点】
（1）抛球者抛球时要有一定的提前量，以充分调动同伴的滑步速度。
（2）滑步者接球后引球抛球要迅速，保障腰部肌群超等长收缩的质量。
（3）滑步时尽量保持低重心和重心的平稳，转体时躯干正直。

（十七）掷实心球侧向移动前抛实心球

【训练目的】
发展腿部、腰腹和肩部速度力量和爆发力，增强无氧耐力。

【方法步骤】
（1）测试出练习者全力侧向抛掷实心球的距离，然后再加上3m，设立训练边界。训练区域宽4～5m。
（2）两名练习者对角线站立，每人脚下有一实心球。
（3）哨声响后训练开始。每名练习者蹲下，捡起球自下向上顺序发力，将实心球抛向同伴的端线。
（4）抛出实心球后，两名练习者同时向另一端滑动，以防止对方的球扔过或滚过自己的区域。重复练习。

【训练要点】
（1）练习者训练时快速横向移动，尽快拿到球，防止它弹起后越出自己的区域。
（2）让球在地上至少反弹一次，如果球员侧向滑动到位早的话，不要接空中的球，避免损伤。

（十八）踝夹实心球跳起前抛

【训练目的】

发展腹肌、缝匠肌的爆发力。

【方法步骤】

（1）两名练习者相距5m站立，一名练习者脚下防御实心球。

（2）练习者用双脚脚弓夹球，屈膝起跳夹起实心球，利用腹肌快速收缩，将实心球向前上方抛出，如图4-26（a）(b)（c）所示。

（3）同伴接到实心球后，将实心球在地面上滚到练习者脚下。重复练习。

(a)　　　　　　　　　　(b)　　　　　　　　　　(c)

图4-26　踝夹实心球跳起前抛

【训练要点】

（1）练习者跳起时，双脚应夹紧实心球，以防后续动作无法完成。

（2）收腹要迅速，尽量调动腹肌的最大爆发力。

（十九）跳起转体接实心球

【训练目的】

发展下肢前群和后群肌的爆发力。

【方法步骤】

（1）练习者双脚脚弓加紧实心球，背对接球方向，如图4-27（a）所示。

（2）迅速跳起，同时迅速屈小腿，如图4-27（b）所示；将实心球抛向空中，身体落地后迅速转体接实心球，如图4-27（c）（d）所示；重复练习。

(a)　　　　　　(b)　　　　　　(c)　　　　　　(d)

图4-27　跳起转身接实心球

【训练要点】
练习者身体环节协调配合、迅猛、连贯的完成动作

三、跳跃下肢爆发力训练方法

（一）吸腿纵跳

【训练目的】
发展下肢、腰腹肌群爆发力。

【方法步骤】
（1）练习者以直立姿势开始。
（2）迅速下蹲然后迅速跳起，同时腹肌主动发力，同时屈膝、膝盖主动向腹部上提。
（3）落地后，迅速重复动作。

【训练要点】
（1）强调起跳时间尽量短。
（2）起跳后，膝盖尽量上提。

（二）立定跳远

【训练目的】
提高下肢动作速度力量和爆发力。

【方法步骤】
（1）面对沙坑或垫子，双脚以肩宽左右开立，双臂上举并充分伸展身体。
（2）下蹲后双腿迅速蹬伸，向前上方跳起，收腹、屈髋，双脚迅速前引落地。

【训练要点】
（1）跳起时，充分展体，在腾空过程中收腹、屈髋。
（2）双脚落地间距与起跳时相同或相近。

（三）立定三级跳

【训练目的】
提高下肢动作速度力量和爆发力。

【方法步骤】
（1）预备姿势与立定跳远相同，双脚起跳以单脚落地接跨步动作。
（2）另一只脚落地再跨步、双脚落地。

【训练要点】
（1）跨步跳中以扒地方式积极快速落地起跳。
（2）最后一跳在腾空过程中展体后收腹、屈髋。

（四）跨步跳

【训练目的】
提高伸髋和屈髋的速度和爆发力，增加踝关节肌群的力量和步长。

【方法步骤】
双脚交替起跳和落地。跳起高度不要太高。摆动腿大腿与地面平行，步长大于正常跑进。

【训练要点】
（1）后蹬迅速有力，踝关节参与最后发力。
（2）落地前不要前伸小腿，并主动扒地方式快速落地。

（五）单腿跳

【训练目的】
提高下肢动作速度力量和爆发力。

【方法步骤】
单脚重复起跳和落地。蹬地方向为前上方，起跳腿在身体腾空中前摆，大腿与地面平行。

【训练要点】
（1）后蹬迅速有力，踝关节参与最后发力。
（2）落地前不要前伸小腿，并主动扒地方式快速落地，上体保持正直。

（六）连续蛙跳

【训练目的】
提高下肢动作速度力量和爆发力。

【方法步骤】
双脚同时重复起跳和落地，起跳和腾空动作与立定跳远相同。

【训练要点】
（1）身体向前上方跳起，动作连贯。
（2）落地缓冲时要控制，不能蹲得太死。

（七）跳深

【训练目的】
提高下肢的动作速度和反应力量。

【方法步骤】
（1）采用一个60～80cm的跳箱。
（2）运动员站于跳箱上，从跳箱上跳下，落地后迅速上跳。
（3）重复进行，每次间隔约10s，以保证神经肌肉的兴奋性。

【训练要点】
要求下肢各个关节快速完成动作，尽量缩短与地面接触时间。

（八）跳栏架

【训练目的】
提高下肢的动作速度和反应力量。

【方法步骤】
（1）采用8～10个高40～60cm的栏架，栏架间隔约1m依次纵向排列。
（2）练习者双脚起跳和落地依次越过各个栏架，连续练习。

【训练要点】
要求下肢各个关节快速完成动作，尽量缩短与地面接触时间。

四、短跑训练方法

短跑训练作为提高肌肉整体功能的一部分是爆发力训练的最后一个环节,对于球类与田径项目,教练员应该把短跑作为提高运动员爆发力的一种手段。由于短跑训练在速度训练一章中已进行详细说明,本章就不再重述。

一、小组学习实践

1. 组内讨论:
如何安排爆发力训练的顺序?不同的训练阶段如何安排训练内容?
2. 组内实践:
在实心球爆发力训练、跳跃下肢爆发力训练中,每种方法选择3～4种形式进行实践。

二、提高学习

尝试为一名想提高挥拍爆发力的运动员制定一个系统的爆发力训练方案?

1. 爆发力又称弹性力量,是人体神经肌肉系统通过肌肉快速的收缩来克服阻力的能力,是绝大多数竞技体育运动员最重要的运动素质之一。在肌肉产生爆发力的机制内,有收缩力量和收缩速度同时参与进来,但神经反射活动和肌肉弹性成分之间复杂协调和共同参与,这决定了它是一个最具有特殊性的力量领域。爆发力训练是力量训练的高级阶段,是肌肉增粗和最大肌力训练后进行的力量训练。爆发力训练对神经兴奋性和肌肉工作能力要求都很高,在与其他抗阻力量训练共同安排时,应该把爆发力训练安排在最前面,然后是其他核心力量训练,最后是辅助力量训练。

2. 爆发力训练在高级阶段应遵循在生物力学方面或速度方面必须专业化,必须符合项目要求。例如,实心球与超等长训练都是在这一原则下进行的专项训练手段。

阅读材料

爆发力与速度的关系

用来计算爆发力的每一个数学公式都证明动作的质量是时间的函数。爆发力定义为"POWER"即功率,功率等于功/时间,或力×距离/时间或力×速度。因此,在各种体育运动中,爆发力的提高是以把速度应用到预期动作或专项运动为基础的。

提高速度力量对于各种体育运动的取胜都是非常重要的。跑得快,跳得高以及投得远与力量的跳高和快速力量的能力有关。所有的运动员都想达到最好,但是他们不理解为什么必须在很长一段时间里跳高那些能力并且还需选择合理的训练手段。甚至对于那些身体素质上具有先天优势的运动员,要想在比赛中达到最高水平,也必须不断提高并且完善那些能力。运动员与教练员应该注意到爆发力的训练就如同蛋糕上的冰激凌一样而不是蛋糕本身,爆发力的训练是运动员运动能力提高的最后一步。

> **肌纤维的类型**
>
> 遗传基因在一定程度上限制了速度提高的可能性。肌肉类型中快肌纤维占主导的运动员与慢肌纤维占主导的运动员相比,前者提高速度会更快。最大限度地发挥遗传潜力要求快肌纤维的子类型:ⅡA,ⅡB,ⅡAB。如果我们按照提高爆发力的方案进行训练,如快肌纤维一样,可能会受到影响。
>
> 肌纤维以下面的顺序被动员:Ⅰ、Ⅱ、ⅡA,ⅡB,ⅡAB。肌纤维被募集的方式与克服外部阻力所需要的力的大小有关。这将意味着在提高爆发力的训练中,抗阻力训练,超等长训练以及速度训练都应该在最大用力的情况下完成。

爆发力训练方案的制定原则

一旦运动员已经经过了准备阶段,或"为训练而训练"的阶段,我们应该着手开始考虑选择哪些练习作为训练计划的手段,并且应该知道"进展"是一个操作性的单词。某一个训练阶段会对不同练习的量和强度作出规定。我们倾向于指定出能够在一天内完成的包括超等长练习,力量训练以及速度训练计划。这一方法充分利用了在完成每一种练习后,神经系统处于积极唤醒水平的事实,因此运动员能够利用这一事实,使各种练习最大程度地影响机体,这并不意味着运动员必须以最大用力程度完成上述三种练习。当量增加或强调某一方面如速度训练时,在其他方面(超等长练习与力量训练)中负荷量就应该减少。这样运动员就不会过度紧张或过度疲劳。

提高爆发力的训练应该主要集中于多关节、大肌群参与的训练,如提铃高翻、高翻、抓举、挺举、卧推与各种蹲跳。此类型的上举练习,目的在于教会运动员在接近最大或最大阻力时最大用力限度产生力量。

一旦运动员掌握了与上述练习相关的技术并且能够应用于训练中去,接下来要增加超等长训练。设计此训练的目的在于提高运动员的肌肉系统在短时间内产生最大力量的能力。

超等长练习达到速度力量特征的程度取决于完成动作质量而非练习的数量。此练习具有整体特性,设计此练习的目的在于提高起动速度,加速能力或绝对速度。我们也可以把上述练习应用于专项运动或专项技术中。

在提高爆发力的进程中,速度训练是最后一个环节。对于球类与田径项目,教练员应该把短跑作为提高运动员爆发力的一种手段。事实上,短跑训练应该作为提高肌肉整体功能的一部分。在一次训练课上,其短跑训练总量不应该超过300~600m。

综合速度训练的各个方面(上举、超等长练习、实心球练习和短跑练习),被称为"综合训练"。这对于提高爆发力与速度而言是一种短期理想方法,但不可成为训练计划的主体。在年度训练中,如果综合训练时间过长,运动员会过度疲劳,进而不能获得更大的效果。通过变换练习方式,运动员在训练周期/计划中,逐渐达到最佳竞技水平。一般经过长达4~6的综合训练,运动员会取得最佳效果。

第三节 灵敏协调能力训练方法

在运动的过程中你能自如地操作自己的身体,任何不同的条件下都能准确熟练地完成快速的反应、判断、躲闪、转身、翻转、维持平衡和随机应变等动作吗?为什么?

灵敏协调素质包含灵活素质和协调素质,是运动员完成技术动作的基础,也是他们表现自身竞技能力的手段。正如罗纳尔·迪尼奥流畅迅速地带球过人动作透出的优雅的协调性,迈克尔·乔丹在一个很狭窄的空间内突破多名防守队员最后投球入篮时表现出的那种令人叹为观止的平衡性以及"欺骗性"。灵敏协调素质包含动态平衡能力、协调能力、爆发力等素质,这为灵敏协调素质的训练带来了复杂性。灵敏协调素质训练需要运动员以一种最有效的方式来发展他的移动、急停、启动、变向等各方面的能力。

灵敏协调素质的训练需要运动员在有一定耐力、运动能力、力量的基础上,才能安全有效地开展。灵敏协调素质训练对运动员神经肌肉和功率输出要求极高,需要在大强度训练前代谢压力较小的情况下进行;灵敏训练要保证短时间(2~3min),多间歇,以达到最大功率。本节将对灵敏素质和协调素质的基本概念和影响因素进行阐述。

一、灵敏协调能力的基本概念

(一)灵敏素质的基本概念

给灵敏素质下定义并不容易,因为它几乎是运动员所具备的所有运动能力的综合表现。灵敏素质是指运动员急起、急停、变向、再加速的能力。灵敏素质比简单获得和保持速度更加重要。灵敏素质包括了减速以及减速-加速的耦合能力。包括加速力量和减速力量的运动技能,即在高速运动中发力或快速地发力,是灵敏素质训练的基础。

灵敏素质能让运动员迅速作出反应,迅速有效地启动并向正确的方向移动,作好变向准备或迅速停止并以迅速、流畅、有效、可重复的方式执行动作。人们一般拥有以下3种灵敏素质。

① 全身水平的改变方向，例如假动作或躲避。

② 全身垂直的改变方向，例如抢篮板球和排球跳起扣杀。

③ 在运动中能够控制身体各部分实施的快速动作，如网球、壁球和曲棍球等。

具有高度灵敏素质的运动员在激烈的比赛中有很大的优势，高度的灵敏素质使运动员在比赛中做出假动作并能在比赛中有效利用，还能提高运动员调节自我避开外界干扰的能力，例如恶作剧的人或球的干扰，从而减少潜在的手上的可能性，提高运动成绩。

发展灵敏素质，协调素质的发展和技能训练是两个关键因素。协调素质的作用就是当外部刺激做出反应时负责实施动作。技能的作用时将这些协调能力统一起来，然后将一般的、特别的、专项的运动转化成一种高效率的、有效的动作组合，实施这些动作的方式要具有最大的确定性，并且消耗最少的时间和能量。

（二）协调素质的基本概念

百科全书医学辞典对协调性是这样下定义的：为完成特定的运动，不同的肌肉在一起工作的能力。在运动训练学领域，协调性被认为是机体运用两三种运动形式完成一个特定的运动目的的能力。协调素质包括一系列复杂的活动，简单地说，这些活动包括感官对输入产生反应，然后从所学的技能中处理并选择适当的运动程序，最后执行动作。大脑对输入的信息进行预测、评价和作出调整。这整个过程在千分之一秒内就完成了。

二、灵敏协调能力的基础

在实际运动中灵敏协调能力往往是不可分的，大部分体育运动都需要灵敏素质和协调素质共同发挥作用。灵敏协调素质的发展以下9种因素为基础。

1. 平衡和底部支撑

平衡是发展运动技能很重要的一方面，它是所有运动技能特别是灵敏协调素质的基本组成部分。平衡通常被划分成两种类型即静态平衡和动态平衡。运动的本质是动态平衡，是身体在运动时在支撑基础上保持身体重心的能力。平衡性对于运动员的灵敏协调素质和整体运动表现是很重要的。不论运动员的身体重心位置在哪里，它有利于运动员在自己支撑底部之内恢复身体姿势，保持重心位置。通过对身体重心的控制，运动员在运动场上就向有效成功的运动迈出了第一步。

一个牢固的底部支撑，可以在身体重心和地面之间形成一种很好的杠杆调节作用，便于运动员加速、减速、变向。

2. 身体姿势

良好的身体姿势对运动成绩的影响是很大的，它通常是好的重心稳定性产生的，而好的重心稳定性又是由能够稳定臀部和胸部的腹直肌、腹横肌和其他许多肌肉之间协调而形成的。

3. 脚掌与地面的相互作用

灵敏协调素质训练一定要注重脚掌与地面的相互作用，这需要注重小腿肌肉的力量。在运动链内部，小腿仅代表力量的14%，但这部分力量对于激活和协调大肌肉群的力量例如大腿部、臀部、躯干和手臂，具有重要作用。

在做变向运动时，脚抬起的高度要相对低一些，背屈的脚强有力的接触地面的声音应该是有节奏的、猛烈的和快速的，这样才能在最短的时间内使身体对地面产生最大的作用力，以获得起动、制动、变向的最佳效果。

4. 反应能力

合理的身体姿势和体重分配、协调性的提高和视觉、听觉和技战术联系的加强是提高一个人反应能力的关键。而反应能力的提高是灵敏素质提高的一个重要决定因素。

5. 加速和减速

加速和减速能力主要依靠良好的身体姿势、小腿与地面的合理角度、同时要求腿部和手臂的强大爆发力。

6. 快速起动能力

快速起动和快速的迈出第一步、身体姿势、反应能力和向哪个方向移动有很大的关系。快速的起始步要求距离短、力量大、离地快和脚尖与移动方向的一致性。

7. 变向能力

变向要求在做各种各样的移动时，具有快速的加速和减速能力。变向能力能把相同的移动在不同的方向上联系起来，也可以把不同类型的移动联系起来。

8. 下落脚步动作

下落脚步动作是一种转换脚步，它出现在移动中的变速和变向动作中，例如突然起动和加速时需要运动员重心向前，前脚掌有冲击力地用力向后落在地面上，同时用力蹬地；反之，制动和减速时，需要运动员重心移向后方，脚掌由后向前用力的向前落在地面上，同时用力蹬地。

9. 后退

后退是在一种比较初级的运动，一般情况下在注视或防守进攻队员做切入或线性运动转变时，要用到后退动作。

在运动员掌握了这些个人技术之后，就到了他们用一种预定的进展度来把这些技能联系起来的时候了。

技术实训

一、快速制动与起动能力训练

（一）加速 – 制动训练

【训练目的】

发展运动员在快速运动中制动身体的能力，提高灵敏性。

【方法步骤】

（1）要求运动员听到"跑"口令时，迅速加速。

（2）当听到击掌时，最短时间将速度减至零。

（3）反复练习。

【训练要点】

（1）加速要果断，尽快将速度加至最大。

(2)减速时,利用降低身体重心,逐渐减小步幅来降速。

(二)加速-制动-再起动训练

【训练目的】

发展运动员快速起动与快速制动能力,提高灵敏性。

【方法步骤】

(1)要求运动员听到"跑"口令时,迅速加速。

(2)当听到击掌时,迅速降速。

(3)当再次听到击掌时,再次迅速加速。

【训练要点】

(1)加速要果断,尽快将速度加至最大。

(2)减速时,利用降低身体重心,逐渐减小步幅来降速。

(3)第二次击掌要及时,当运动员速度减至接近零时击掌。

(三)加速-制动-左/右/后变向训练

【训练目的】

发展运动员快速起动与快速制动与变向能力,提高灵敏性。

【方法步骤】

(1)要求运动员听到"跑"口令时,迅速加速。

(2)当听到击掌时,迅速降速。

(3)当运动员速度减至接近零时,教练员发出"左"、"右"或"后"的口令,运动员听到口令后,迅速做出反应,并迅速加速跑向口令方向。

【训练要点】

(1)口令要及时。

(2)运动员变向时,先转头,并以直线方式跑进。

二、灵敏步伐训练

(一)单圆灵敏跑动练习

【训练目的】

发展运动员利用脚步控制身体重心的能力。

【方法步骤】

(1)在场地上画一个或利用标志软盘摆置一个直径为3~4m的圆。

(2)运动员在圆的任意一点开始,但是必须在同一点结束。

(3)练习者绕圆尽可能快速跑动,在整个练习过程中应尽可能地离圆近一些。

(4)运动员在绕圆跑动过程中应适当降低内侧肩,适当降低身体重心。

【训练要点】

(1)绕圆跑动时应尽量离圆近一些,提高身体的控制能力。

(2)绕圆跑动时,避免脚的落位太近,两个脚绊在一起出现摔倒现象。

> **变换性练习**
>
> 8字形双圆跑——按照单圆的规则进行,这是由两个直径为3~4m的圆组成。当运动员通过第二个圆练习时,必须不断地调整身体和脚步的落位。为增加练习难度还可以使两个圆的直径不相同,减小第二个圆的直径,锻炼运动员控制身体重心的能力。
>
> 8字形兔跑——练习者完成8字形双圆跑,同时被另一个人追逐。领先跑的人,尽可能沿着圆形跑,并防止被追逐的人抓到。

(二)锥形跑

【训练目的】

发展运动员身体控制的能力,锻炼运动员的加速、减速和简单的变向能力,为发展复杂的灵敏能力做准备。

【方法步骤】

(1) 将3个标志软盘摆放成一个三角锥形,锥形的定点设为①号,另外两个分别设为②和③,②和③距离为5m,中心距①的距离为6m。

(2) 练习者从②出发正向冲刺至①,到①后减速制动变后退跑向③移动。

(3) 后退跑至③时减速制动,并迅速加速正向从此至①,到①后减速制动变后退跑向②移动。重复练习。

【训练要点】

(1) 练习过程中,练习者正向跑动变后退跑和后退跑变正向冲刺要尽量迅速。

(2) 后退跑时,练习者要时刻调整身体运动方向,避免跑偏。

(三) T字形跑

【训练目的】

发展运动员正向冲刺向侧向滑步的转换能力,发展滑步的速率。

【方法步骤】

(1) 将3个标志软盘摆放成一个三角锥形,锥形的定点设为①号,另外两个分别设为②和③,②和③距离为5m,中心距①的距离为6m。

(2) 练习者从①出发正向冲刺至②和③中点,到达中点后迅速侧向滑步至②,滑至②后迅速变向滑至③。

(3) 滑至③后,折返滑至②和③中点后,迅速转为倒退跑至①。

【训练要点】

(1) 练习过程中,练习者正向冲刺向侧滑步转换以及侧滑步向倒退跑转换要尽量迅速。

(2) 后退跑时,练习者重心不要过于靠后,避免失去重心后摔倒出现损伤。

(四) Z字形跑

【训练目的】

进行滑步训练,发展滑步的速率和灵活性。

【方法步骤】

（1）用8～10个标志软盘摆成Z字形，间距为3m。

（2）练习者保持半蹲姿势，上体稍前倾并收腰紧腹，抬头。

（3）练习者从第一个标志盘开始侧前或侧后滑步。

（4）到第二个标志盘后变向滑向第三个标志盘。依次类推，完成训练。

【训练要点】

（1）滑步过程中，保持住正确姿势，身体重心不能上下起伏，滑步时前脚掌着地。

（2）滑步变向转换要快，转换距离尽量短。

> **变换性练习**
>
> 练习者从第一个标志盘开始正向冲刺至下一个标志盘，在下一个标志盘处垫步变向，在冲刺至第三个标志盘。依次类推，完成训练。本训练发展练习者垫步变向能力。

（五）扇形跑

【训练目的】

进行步伐训练，发展脚步的灵活性。

【方法步骤】

（1）用6个标志软盘摆成一个扇形，其中一个作为扇形的顶点，另外五个以第一个为圆心摆成一个扇形，半径为4～6m。

（2）练习者从第一个标志盘开始正向冲刺至第二个标志盘，绕过第二个标志盘后快速倒退至第一个标志盘。

（3）练习者再次从第一个标志盘开始侧滑步至第三个标志盘，然后绕过第三个标志盘再侧滑至第一个标志盘。

（4）练习者再次从第一个标志盘开始交叉步至第四个标志盘，然后绕过第三个标志盘再交叉步至第一个标志盘。

（5）练习者再次从第一个标志盘开始双脚左右跳至第五个标志盘，然后绕过第五个标志盘再双脚前后跳至第一个标志盘。

【训练要点】

（1）练习过程中，保持住每种步伐正确姿势，身体重心不能上下起伏，练习时前脚掌着地。

（2）练习过程中强调速度，以达到灵敏训练的效果。

（六）前后变向跑

【训练目的】

提高运动员向后、向前变向的快速性和有效性。

【方法步骤】

（1）在不同位置放置4～6个标志盘，标志盘之间应保证有足够的空间完成向后4步以及5～10m斜侧方向的冲刺。

（2）练习者从起始位置开始，迅速倒退4步。

（3）运动中不减速，练习者前转身并冲向下一个标志盘。
（4）到下一个标志盘后运动员不制动，练习者作后转身，并重新开始4步的倒退跑。
（5）运动员按照此顺序进行，直到完成全过程。

【训练要点】
（1）为了保证训练的均衡性，标志盘应该左右交替摆放。
（2）为了提高练习者弱侧的专项能力，标志盘可以都向练习者弱侧摆放。

（七）快速绕"点"跑

【训练目的】
提高练习者控制身体的能力，提高脚下灵活性。

【方法步骤】
（1）用4个标志盘摆放成正方形，距离为5~7m。
（2）练习者从任意一个标志盘出发，向下一个标志盘内缘冲刺，然后用快速小碎步绕过标志盘，再冲向下一个标志盘的内缘。
（3）依次类推，完成整个训练。

【训练要点】
（1）练习者由冲刺变为绕标志盘跑尽量不要减速，更不可制动。
（2）绕标志盘跑时，尽量靠近标志盘外缘，不能离标志盘太远。

（八）蜘蛛拉网跑

【训练目的】
提高运动员折返跑的能力。

【方法步骤】
（1）用6个标志盘摆成一个长方形，长边长为8m，短边长为4m，在长边各放3个标志盘，距离为4m。
（2）练习者从一个长边的中点（原点）出发，向任意一个标志盘冲刺，当到达触摸到标志盘后迅速转身冲回原点。
（3）到原点后迅速转身冲至另一个标志盘，以相同要求，依次跑完所有标志盘。

【训练要点】
（1）练习者作折返动作时，一定先降低重心，在主动伸脚转身，以最快速的速度完成转向跑。
（2）练习时必须保证每次折返跑都回原点，以保证训练的强度。

变换性练习

练习者可以用不同的步伐来完成每次折返跑，例如：滑步、交叉部、侧身跑等。

（九）环绕、穿越和跨越复合跑

【训练目的】
发展运动员快速的位移能力和快速的变向能力。

【方法步骤】
（1）放置6个标志盘成一条直线，标志盘之间距离为1m。
（2）练习者从第一个标志盘开始，第一圈为直线跑，绕标志盘组成的直线跑一圈，然后后转身再跑一圈。跑动过程中尽量不减速。
（3）第二圈练习者以"S"形跑绕过每一个标志盘，到头后转身再以"S"形跑跑至起点。
（4）第三圈练习者以侧向高抬腿跨过每一个标志盘，盘间为两步。到头后，再侧向高抬腿回起点。

【训练要点】
（1）练习者要尽量快地完成每一个变向，变向时要有爆发性。
（2）圈与圈之间不停顿，尽量不减速。

（十）多向跑

【训练目的】
发展运动员反应能力和快速的位移能力、变向能力。

【方法步骤】
（1）以一点为中心分别在8个方向摆放8个标志盘，每个标志盘距中心距离为4m。
（2）练习者以任意一个标志盘出发，则出发的标志盘设为1，然后顺时针依次为标志盘标上编号2-8。
（3）练习者从1开始以双脚左右跳或前后跳向中点移动，当到达中点瞬间，听口令，当听到任意编号时，以最快的速度冲向那个标志盘。
（4）然后再回到1处，进行下一次练习。

【训练要点】
（1）练习者听到口令后一定要以最快的速度作出反应，并以最快的速度冲向标志物。
（2）若练习者听到口令后做出了错误的第一反应，应停止从头开始。

变换性练习

以同样的方法训练，可以把口令换成手势或者是号码牌。当练习者看到手势指向或相应号码牌时，以上述要求完成训练。

三、栏架训练法

（一）正向跑动栏间变向练习

【训练目的】
发展运动员的协调性、灵敏性和脚下快速移动和变向能力，提高运动员跑动时的节奏感和神经控制支配能力。

【方法步骤】
（1）室内或室外场地，沿直线放置6～12个栏架，每2个栏架为1组，组内2栏间距为60～90cm；和下一组栏架之间间距为2～3m，在2组栏之间离摆放直线两边侧面2～3m

处分别摆放1个标志盘。每组栏架的数量可以自由变化，栏架间的距离可以根据训练目的进行调整。

（2）运动员从栏架组的一端开始，使用正确的跑动技术依次过栏，当跨过1组栏架后，快速向侧向的标志盘跑动，并降低重心用手触摸左侧的标志盘，然后快速跑向右侧的标志盘，降低重心用手触摸标志盘后快速跑向下1组栏架，用正确的跑动技术跨过下1组的2只栏架。

（3）重复上述动作完成练习。

【训练要点】

（1）始终保持正确的跑动技术，手脚要协调配合。

（2）掌握好跑动节奏和快速向标志盘跑动时的起动技术。

（3）要主动抬膝跑动过栏，不要跳跃。

（4）侧向移动时要降低重心，变向时转换要迅速，不要有明显停顿。

（5）注意力要集中，目光平视，上身保持正直或略有前倾。

（二）侧向跑动栏间变向练习

【训练目的】

发展运动员的协调性、灵敏性和脚下快速移动和变向能力，提高运动员跑动时的节奏感和神经控制支配能力。

【方法步骤】

（1）室内或室外场地，沿直线放置6~12个栏架，每2个栏架为1组，组内2栏间距为60~90cm；和下一组栏架之间间距为2~3m，在2组栏之间离摆放直线两边侧面2~3m处分别摆放1个标志盘。每组栏架的数量可以自由变化。

（2）运动员侧向面对栏架，从栏架组的一端开始，靠近栏架的腿为领先腿，运动员使用正确的侧向跑动技术依次过栏，当跨过1组栏架后，快速降低重心做后退跑，当到达标志盘后立即变向向前加速跑，跑动栏架另一侧的标志盘时降低重心用手触摸标志盘，随后快速退回到栏架中线上，用正确的侧向跑动技术跨过下1组的2只栏架。

（3）重复上述动作完成练习。

【训练要点】

（1）此练习难度较大，在运动员没有完全掌握"侧向栏间跑动练习"和"正向跑动栏间变向练习"时不要进行此练习，练习中使用小栏架，一般不使用高栏架。

（2）始终保持正确的跑动技术，手脚要协调配合。

（3）掌握好跑动节奏和快速向标志盘跑动时的起动技术。

（4）要主动抬膝跑动过栏，不要跳跃。

（5）后退跑时要降低重心，变向时转换要迅速，不要有明显停顿。

（6）注意力要集中，目光平视，上身保持正直或略有前倾。

（三）正向单腿跑动练习

【训练目的】

发展运动员的协调性和对身体的控制能力，改善运动员跑动姿态，强化单侧跑动腿的技术和力量。

【方法步骤】

（1）室内或室外场地，沿直线平均间距放置6～12个栏架，每2个栏架间距为60～90cm。

（2）运动员正向面对栏架，从栏架组的一端开始，一条腿在栏架内，一条腿在栏架外，在栏间的称为活动腿，栏外的为不动腿。过栏时，活动腿在栏间跑动，依次跨越栏架，活动腿要90°弯曲，大腿平行于地面，小腿垂直于地面，身体重心要跟随活动腿移动，活动腿的脚要有明显扒地动作，产生向前的动力，而不动腿尽量伸直，被动跟随，只起支撑作用。

（3）重复上述动作完成练习。

（4）开始训练阶段使用小栏架，在掌握动作要领并达到动作质量要求后可使用高栏架提高难度。

【训练要点】

（1）两条腿依次做为活动腿进行练习。

（2）始终保持正确的摆臂技术，手脚要协调配合。

（3）活动腿过栏时要积极主动，掌握好跑动节奏。

（4）注意力要集中，目光平视，上身保持正直或略有前倾。

（四）侧向单腿跑动练习

【训练目的】

发展运动员的协调性、侧向移动能力和对身体的控制能力，强化单侧跑动腿的技术和力量。

【方法步骤】

（1）室内或室外场地，沿直线平均间距放置6～12个栏架，每2个栏架间距为60～90cm。

（2）运动员侧向面对栏架，从栏架组的一端开始，一条腿在栏架内，一条腿在栏架外，在栏间的称为活动腿，栏外的为不动腿。侧向跨越栏架，活动腿在栏间侧向移动，依次跨越栏架，过栏时，活动腿要90°弯曲，大腿平行于地面，小腿垂直于地面，身体重心要跟随活动腿移动，活动腿的脚要有明显的扒地动作，产生侧向的动力，而不动腿尽量伸直，被动跟随，只起支撑作用。

（3）重复上述动作完成练习。

（4）开始训练阶段使用小栏架，在掌握动作要领并达到动作质量要求后可使用高栏架以提高难度。

【训练要点】

（1）两条腿依次做为活动腿进行练习。

（2）始终保持正确的摆臂技术，手脚要协调配合。

（3）活动腿过栏时要积极主动，掌握好跑动节奏。

（4）注意力要集中，目光平视，上身保持正直或略有前倾。

（五）侧向栏间往返变向跑动练习

【训练目的】

主要发展运动员的协调性、侧向移动能力和神经肌肉控制能力，改善运动姿态，提高运动员的变向能力。

【方法步骤】

（1）室内或室外场地，沿直线平均间距放置6～12个栏架，每2个栏架间距为60～90cm。

（2）运动员侧向面对栏架，从栏架组的一端开始，靠近栏架的腿为领先腿，按照"侧向栏间跑动练习"的要求进行练习，当跟随腿跨越第四个栏架时，跟随腿立即向反方向跨越栏架，按照"侧向栏间跑动练习"要求进行跑动，当向反方向跨越两个栏架后，立即再次变向向原跑动方向侧向跑动，跨越四个栏架后再次变向，重复上述动作完成练习。每次跨越或返回的栏架数可以根据教练员要求进行变化。

（3）此练习难度较大，在运动员没有完全掌握"侧向栏间跑动练习"和"侧向跑动栏间变向练习"时不要进行此练习，练习中使用小栏架，一般不使用高栏架。

【训练要点】

（1）始终保持正确的身体姿态，手脚要协调配合。

（2）两条腿过栏时要积极主动，掌握好动作节奏。

（3）变向时转换要迅速，不要有明显停顿。

（4）注意力要集中，目光平视，上身保持正直，两肩连线始终保持与栏架平行。

（5）两条腿依次做为领先腿进行练习。

（六）正向栏间双腿跳跃练习

【训练目的】

发展运动员的协调性、灵活性和下肢爆发力。

【方法步骤】

（1）室内或室外场地，练习场地地面不要太硬，沿直线平均间距放置6～12个栏架，每2个栏架间距为60～90cm。随着运动员能力的提高，栏架距离可逐渐拉长。

（2）运动员正向面对栏架，从栏架组的一端开始，双腿同时跳跃栏架，在脚双脚落地后，双膝稍弯曲进行缓冲，然后立即发力跳跃下一个栏架，重复上述动作完成练习。

【训练要点】

（1）在跳跃时要注意摆臂动作，手脚要协调配合。

（2）掌握好跳跃的节奏。

（3）注意力要集中，目光平视，上身保持正直或略有前倾。

（4）落地缓冲膝盖不要弯曲过大，缓冲与再次发力转换要快。

（5）练习要循序渐进，技术动作熟练后再加大难度。

（七）正向栏间单腿跳跃练习

【训练目的】

发展运动员的协调性、灵活性和下肢爆发力。

【方法步骤】

（1）室内或室外场地，练习场地地面不要太硬，沿直线平均间距放置6～12个栏架，每2个栏架间距为60～90cm。随着运动员能力的提高，栏架距离可逐渐拉长。

（2）运动员正向面对栏架，一条腿支撑一条腿弯曲，从栏架组的一端开始，单腿发力跳跃栏架，在单脚落地后，膝盖稍弯曲进行缓冲，然后立即发力跳跃下一个栏架。

（3）重复上述动作完成练习。

【训练要点】

（1）两条腿交替进行练习。

（2）在跳跃时要注意摆臂动作，手脚要协调配合。

（3）掌握好跳跃的节奏。

（4）注意力要集中，目光平视，上身保持正直或略有前倾。

（5）落地缓冲膝盖不要弯曲过大，缓冲与再次发力转换要快。

（6）练习要循序渐进，技术动作熟练后再加大难度。

（八）侧向栏间双腿跳跃练习

【训练目的】

发展运动员的协调性、灵活性、侧向移动能力和下肢爆发力。

【方法步骤】

（1）室内或室外场地，练习场地地面不要太硬，沿直线平均间距放置6～12个栏架，每2个栏架间距为60～90cm。随着运动员能力的提高，栏架距离可逐渐拉长。

（2）运动员站在栏架一端，侧对栏架，双腿侧向同时跳跃栏架，在脚双脚落地后，双膝稍弯曲进行缓冲，然后立即发力侧向跳跃下一个栏架，重复上述动作完成练习。

【训练要点】

（1）在跳跃时要注意摆臂动作，手脚要协调配合。

（2）掌握好跳跃的节奏。

（3）注意力要集中，目光平视，上身保持正直或略有前倾。

（4）落地缓冲膝盖不要弯曲过大，缓冲与再次发力转换要快。

（5）练习要循序渐进，技术动作熟练后再加大难度。

（九）侧向栏间单腿跳跃练习

【训练目的】

发展运动员的协调性、灵活性和下肢爆发力。

【方法步骤】

（1）室内或室外场地，练习场地地面不要太硬，沿直线平均间距放置6～12个栏架，每2个栏架间距为60～90cm。随着运动员能力的提高，栏架距离可逐渐拉长。

（2）运动员站在栏架一端，侧对栏架，靠近栏架的一条腿为跳跃腿，远离栏架的腿离地弯曲，从栏架组的一端开始，单腿发力跳跃栏架，在单脚落地后，膝盖稍弯曲进行缓冲，然后立即发力跳跃下一个栏架。

（3）重复上述动作完成练习。

【训练要点】

（1）两条腿交替进行练习。

（2）在跳跃时要注意摆臂动作，手脚要协调配合。

（3）掌握好跳跃的节奏。

（4）注意力要集中，目光平视，上身保持正直或略有前倾。

（5）落地缓冲膝盖不要弯曲过大，缓冲与再次发力转换要快。
（6）练习要循序渐进，技术动作熟练后再加大难度。

 学习实践

一、小组学习实践

1. 组内讨论
详述灵敏素质的训练要求。
2. 组内实践
以灵敏跑为例，设计、完成、演示一个渐进性的灵敏素质训练计划。

二、提高学习

列举一项你比较熟悉的体育项目，谈一谈灵敏素质训练如何与技术训练相结合。

 总结复习

1. 灵敏素质是指运动员急起、急停、变向、再加速的能力。灵敏素质比简单获得和保持速度更加重要。灵敏素质包括了减速以及减速-加速的耦合能力。包括加速力量或减速力量的运动技能，即在高速运动中快速地发力或放缓发力，是灵敏素质训练的基础。灵敏素质能让运动员迅速作出反应，迅速有效地启动并向正确的方向移动，做好变向准备或迅速停止并以迅速、流畅、有效、可重复的方式执行动作。

2. 具有高度灵敏素质的运动员在激烈的比赛中有很大的优势，高度的灵敏素质使运动员在比赛中作出假动作并能在比赛中有效利用，还能提高运动员调节自我以避开外界干扰的能力。例如，运动员利用恶作剧或球的干扰，来减少潜在的失误的可能性，提高运动成绩。

3. 灵敏协调素质的训练需要运动员在有一定耐力、运动能力、力量的基础上，才能安全有效地开展，灵敏协调素质训练对运动员神经肌肉和功率输出要求极高，需要在大强度训练前代谢压力较小的情况下进行；灵敏训练要保证短时间（2~3min），多间歇，以达到最大功率。根据运动的次数和运动方式的组合的不同，灵敏素质的训练可分为闭合性灵敏训练即初级灵敏训练，开放性灵敏训练即高级灵敏训练和复合性灵敏训练即特级灵敏训练。

 推荐阅读

关于灵敏素质训练与协调素质训练的层次划分

一、灵敏素质训练的层次划分

灵敏素质强调运动员减速能力和随之而来的减速-加速耦合能力，可以用不同的速度来完成运动方向的改变和运动速度的改变。根据运动的次数和运动方式的组合的不同，灵敏素质的训练可分为闭合性灵敏训练（初级），开放性灵敏训练（高级）和复合性灵敏训练（特级）。在预先设计好的动作中进行的训练叫闭合性灵敏训练（初级），如T形跑，六边形跳等；在随机运动中进行灵敏性训练叫做开放性灵敏训练（高级），在随机运动中结合干扰因素（假动作、反向口令或指令）进行的灵敏训练叫做复合性灵敏训练（特级）。

（一）闭合性灵敏训练（初级）

在项目开始前的闭合性灵敏训练中，运动员确切地知道他们被期望要做的事情是什么，这些技能让运动员经历发动式学习的开始阶段，进而在一个被控制的环境中取得进步。然后通过大量的闭合性灵敏训练，休息时间间隔，运动员会获得运动技能的积累，在运动前对发动程序提炼之后，通过对外部刺激的反应如击掌，对手作出的方向性信号，其他运动员的运动，肌肉运动知觉等意识等，向随意灵敏方向发展。

这一阶段训练包括发展与爆发力和运动效率密切相关的因素（脚在身体重心下着地，减小制动时间，发挥最大后蹬力量等）和固定模式的灵敏训练为主。以灵敏跑为例，这一阶段进行如T型跑、星形跑、扇形跑、六点跑、L型跑、蜘蛛拉网跑等灵敏跑的技术训练和计时性训练，提高运动员跑动效率。

（二）开放性灵敏训练（高级）

所谓开放性灵敏训练，是指对感官输入系统接受外部刺激输入系统接受外界刺激反应所必需的训练。大部分体育运动中要取得胜利都需要开放性灵敏素质，它包括随意灵敏的开放性技能——对一个球、一个对手、一个障碍物的反应都是很必要的。其次，为了应付竞赛，运动员就要身处混杂的环境中，通过参加特定的活动来激励运动员比赛。

这一阶段训练是从增加一个简单的外部刺激开始的，如作出手势来改变方向，以掌握项目开始前的准备工作。如在进行T型跑时，当运动员跑至T字的交叉点时，对运动员指向左或者向右或者向后，让运动员快速反应并迅速向该方向运动。

（三）复合性灵敏训练（特级）

复合性灵敏训练是模拟实际运动竞赛环境的一种灵敏训练方法。它对运动员在复杂的赛场上，排除干扰外部刺激（如假动作），提炼并关注主导外部刺激，并作出正确反应是非常必需的。

这一阶段训练是在开放性灵敏训练的基础上，再增加一个或多个干扰信号开始的，如反向口令或指令，在发出指令的同时利用错误的口令进行干扰等方式对运动员进行训练。如在进行T型跑时，当运动员跑至T字的交叉点时，对运动员指向左的同时，发出"右"的口令进行干扰。

（四）灵敏性练习的技巧

1.灵敏训练中视觉的重要性应得到足够的重视。通常，运动员的头部应该居中，除了要求运动员注意同伴、对手或其他视觉目标，无论运动员向哪个方向运动，眼睛都要直视前方。另外，在转变方向时（突然左转、右转）、过渡时（如后退跑变为转身向前冲）都要先转头，确定注视的方向再转向。我们在训练中常常说"转身先转头，转肩、转髋先转眼"就是强调这一点。运动员刚开始这样训练时，常常是先转肩、髋，再转头、眼，结果导致转身出界，损失时间、损失效率。

2.在加速中，手臂的动作作用十分重要。在灵敏训练中手臂动作同样重要。当转变方向或转身时，运动员是手臂在新的运动路线上尽量加速，正如短跑运动员的起跑一样，有力的手臂动作对于提高步幅和步频意义重大。手臂动作不准确或不充分会导致速度或效率的丧失。

3.在拉长收缩练习中，关于安全和有效性的问题的指导要点也可用于灵敏性训练中。在一定速度的运动中，减速是改变方向的前提。因减速能力在灵敏素质中可能是最重要的。正如在跳深练习中，只有先有效、安全地落地，才能在此基础上再跳起来。运动员在进行转身、转向训练前一定要先练好减速、制动能力，可对运动员进行冲刺—减速—制动训练，或是背向、侧向的减速能力的训练。就如其他运动技能的训练一样，减速能力的训练也要循序渐进。

二、协调素质训练的层次划分

建立高度协调性要经过以下三个阶段：

（一）粗糙的协调性（一般的）

在这一阶段，运动员努力学习一项新的任务并且必须有意识地去理解所有动作，为了管理新的任务，运动员必须要意识到自己的身体动作。由于身体其他感觉器官还不能很好地给出高度准确的信息，运动员主要依赖视觉和听觉输入系统。这种感官模式促进学习过程中进步，将把自己的协调性转化成特别协调性和特级协调性。

（二）优秀的协调性（特别的）

在这一阶段，运动员开始把动作感受内在化，除了教练员的信息输入外，将不再过多地依赖于视觉的听觉输入系统，主要依靠深部感受器、本体感受器，以及动态和静态的接触感受器。运动员利用反馈机制来提炼动作技能，同时制止不符合需要的动作产生以及提高预期目标动作的效率。

（三）特级协调性（具体的或专项的）

这是动作技能学习的最后阶段，此时，自动化的运动程序得以融洽，清除多余的动作，使运动员在复杂多变的条件下能够有效地完成动作。

在协调性提升的过程中，机体会学会如何提高所要完成动作的效率。动作效率可以通过改进肌肉和肌肉相互的协调性来提高。肌肉协调性是指为了完成一个动作，不同肌肉之间相互作用的配合。它包括协调许多神经肌肉单位作出同步性工作从而完成一次肌肉收缩的能力。逐渐增加身体负重，阻力运动方法和辅助运动方法的运用都可以很明显地提高这方面的能力。

第四节　提高耐力的训练方法

耐力是不是坚持？

耐力素质和力量素质可以同时练吗？为什么？

一、耐力的概念

（一）耐力的基本概念

一般来说，耐力是指持续进行运动的能力。

如图4-28所示，根据运动项目的不同，耐力可分为：运动时间长且持续进行的中低强度的耐力（如马拉松、铁人三项等项目的耐力）；运动时间短但持续进行的中高强度耐力（如中短距离跑、划船、游泳等项目的耐力）；高强度运动和低强度运动不断反复进行的间歇性高强度耐力（如网球、足球等项目的耐力）。

另外，如图4-29所示，根据肌肉参与度的不同，也可分为全身耐力和局部肌肉耐力。如长时间维持走路、跑步、游泳、划船、骑车等全身性运动需要的耐力称为全身耐力，将上肢、下肢、腰等特定部位的肌肉群长时间持续收缩的耐力称为局部肌肉耐力。

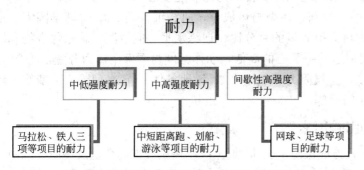

图4-28 依据运动项目的不同对耐力所作的分类

图4-29 依据肌肉参与度的不同对耐力所作的分类

（二）耐力与竞技运动

在中长跑、马拉松、竞走、长距离游泳、划船等周期性中长距离体能训练项目中，耐力的好坏往往决定着比赛成绩。因此，在谈到耐力时，人们往往更多地联想到这些周期性中长距离体能项目。其实，耐力不仅仅是对这些项目的运动员重要，它对所有运动员都是非常重要的。如在球类、格斗等很多项目的比赛及训练中，需要多次进行高强度的运动，这就需要良好的耐力的支撑。这是因为，耐力的提高可以更快地消除所积累的乳酸、使其具有更强的抗疲劳能力和更快的恢复速度。有了更快的恢复，就意味着可以完成更高质量的运动或训练。因此，很少有不需要耐力的运动项目，只是对耐力的依存度有所区别而已。

二、耐力的决定因素

耐力受到个体的种种形态及生理性因素的影响，主要包括运动时的心脏泵血机能、肺换气机能、血红蛋白含量、体重中肌肉所占的比例、竞技中动用的主要慢肌纤维所占的比例、骨骼肌内的毛细血管密度、线粒体的数量及氧化酶活性、肌糖原含量的多少、运动中的能量运用效率等。将这些因素综合起来，可以大致表现为以下几方面的能力，即：最大有氧供能能力、动作经济合理性、乳酸分解能力和耐乳酸能力。

（一）最大有氧供能能力的影响因素

运动员最大有氧供能能力的大小，主要决定于最大摄氧量。最大摄氧量是指单位时间内运动到活动肌肉而被肌肉所利用的最大氧量。最大摄氧量决定于以下几个方面：① 肺的机能：肺通气量（肺容量、肺活量、呼吸肌）、氧摄取率（肺泡氧分压、肺泡量）；② 肺扩散能力：肺泡膜的氧扩散能力（肺泡毛细血管氧分压和肺泡数量）、氧与血红蛋白的结合速度（氧从肺泡到血红蛋白的通透性）、肺毛细血管血流量（毛细血管量、血液浓度）；③ 血液循环能力：心脏泵血能力（心脏容量、心肌收缩力和舒张力）、血红蛋白量×血流阻力系数、动静脉氧差；④ 组织扩散能力：组织毛细血管的血流量、血液中氧分压的高低、血管壁的氧通透性、活动肌的大小、活动肌单位面积内血管的数量、慢肌所占的比例；⑤ 肌肉耗氧能力：活动肌数量的多少、肌肉的血流量、慢肌纤维的比例、线粒体数量、氧化酶数量和活性等。

（二）动作经济合理性的影响因素

动作经济合理性，是指最大限度地把能量转化为比赛速度的能力。它主要由以下几方面决定：① 解剖学因素：年龄、性别、体型与体成分、肌纤维种类；② 生理学因素：最大摄氧量以及运动中摄氧量占最大摄氧量的百分比、训练水平、能量源（碳水化合物和脂肪）、疲劳；③ 生物力学因素：运动中重心的高低、动作幅度与频率、体力分配；④ 环境因素：气象条件（温度、湿度、空气阻力、氧浓度）、场地条件；⑤ 心理因素：情绪、耐心、意欲、集中力；⑥ 其他：时差等。

（三）乳酸分解能力的影响因素

乳酸分解能力主要由以下几方面决定：① 摄氧量；② 慢肌纤维的数量及慢肌纤维中的毛细血管和线粒体的数量；③ 乳酸输送载体数量；④ 心肌型乳酸脱氢酶数量；⑤ 氧化酶类的活性等。

（四）耐乳酸能力的影响因素

耐乳酸能力主要由以下三方面决定：① 对因乳酸积累产生的僵硬、疼痛感的承受能力；② 体内碱储备对酸的缓冲能力；③ 对体内碱储备缓冲酸而产生的呼吸系统的过度反应的承受能力。

技术实训

提高耐力的训练方法

肌纤维的收缩受神经元的支配，以运动单位（一个神经元及其支配的一组肌纤维）的形式参与活动。而运动单位数量的多少主要受运动强度的影响。而其动员的顺序则是Ⅰ型肌纤维、Ⅱa型肌纤维和Ⅱb型肌纤维。而即使属于同类肌纤维，也遵循根据其兴奋阈从低到高的动用顺序。因此，在中长距离项目的某一强度运动时，供应的总能量是低于和等于该强度兴奋阈的所有运动单位的供能总和。也就是说，在兴奋阈高的运动单位被动用时，兴奋阈低的运动单位也将被完全动用。而在兴奋阈较低的运动单元疲劳时，兴奋阈较高的运动单位也将参与工作，以维持肌肉的正常工作。

但是，作为能量底质的动用却并不与肌纤维的动用方式完全相同。人体的供能底质主要有三种，即：脂肪、蛋白质和糖，而糖供能又分糖的有氧分解供能和糖酵解供能两种方式。其中，由于蛋白质供能比例有限（一般不大于5%），因此目前更多地考虑脂肪供能和糖供能。脂肪供能和糖供能的比例和数量在不同强度下是不同的。在低强度时，脂肪供能占主导地位，而随着运动强度的增大，从供能数量和供能比例双方面，脂肪供能逐渐变小，糖供能逐渐加大，而当运动强度超过无氧阈时，能量供应绝大多数都来源于糖。

以中长跑项目为例，在决定中长距离项目比赛成绩的主要因素中，从能量代谢的角度，其能量源是糖的有氧分解供能和糖酵解供能；从肌肉作功角度，则是全部慢肌纤维和部分快肌纤维的工作能力。为了获得优异的成绩，运动员的这些能力均应得到最大限度的锻炼。其中，不同的运动强度所动用的肌肉和能量源是不同的。而若要对不同类型的肌纤维和相关酶类产生良性效应，所需要的训练量和强度也不同。越容易被募集的肌肉，其产生训练效果的训练量就相对较大，而越不易被募集的肌肉，其产生训练效果的训练量就相对较小。但总体上，在能够保证恢复的前提下，对参与比赛的所有肌纤维的训练量越大，就越有可能获得更优异的成绩。在中长距离项目比赛中，绝大多数慢肌纤维和部分快肌纤维参与运动，因此在比赛强度上进行大运动量训练就好像能够获得最佳训练效果。但是，由于在这一比赛强度下很快就会引起酸中毒，因此就决定了不可能长时间持续进行。而在比赛强度下心肌炎、交感神经疲劳的益发性等限制，使其即使间歇性地进行，也无法实现很大的运动量。这就造成若在人体能够承受的范围内进行最大量的比赛强度训练，它只能够发展一小部分不易动用的慢肌纤维和部分快肌纤维。而对大部分容易动用的慢肌纤维来说，其训练量会不足，它们将只能维持原有水平甚至萎缩。因此，在中长距离项目训练中，大运动量和大强度训练必须有效结合才能更好地使成绩提高。

一、提高全身耐力的训练方法

在要提高全身耐力时，首先要明确训练目的才能决定训练内容。另外，由于无氧阈强度和最大摄氧量强度是目前在耐力项目中常用的相对运动强度的判定标尺，因此，在本文介绍的训练方法均以无氧阈强度和最大摄氧量强度作为相对运动强度的判定标尺论述。目前经常采用的提高全身耐力的训练方法主要有两种，即中低强度的大运动量训练和大强度间歇性训练。在没有相应设备进行最大摄氧量速度及无氧阈速度的情况下，可以采用以下方式进行判断。

大摄氧量速度的推测方式：全力运动10min，运动成绩的平均速度将非常接近于最大摄氧量速度。10min全力运动后的即刻心率为最大摄氧量强度心率。无氧阈速度的推测算方式：大部分非耐力运动员及普通人的无氧阈速度为最大摄氧量速度的60%～70%，大部分专业耐力运动员的无氧阈速度为最大摄氧量速度的75%～85%。

1.大运动量训练

（1）大运动量训练的运动方式

大运动量训练的运动方式主要包括低强度有氧运动和中等强度有氧运动。低强度有氧运动的相对强度在80%无氧阈强度以下，心率在120～140bpm左右，此时的自我感觉为较轻松，在此强度下常采用节奏稳定的匀速运动方式。在低强度有氧运动时，心脏血液回流充分、脂肪燃烧最多、且乳酸产生量少，因此在这一强度上的训练可以最大限度地燃烧脂肪，同时能够达到一定的健身作用，因此较适合于肥胖者、无训练基础者以及大强度训练后需要疲劳消除的人员。

中等强度有氧运动的相对强度在80%～100%无氧阈强度，心率在140～180bpm左右，此时自我感觉为较累，但能够坚持。在此强度下采用的运动方式主要有三种：恒定负荷方式、渐增负荷方式和变速负荷方式。恒定负荷方式是指在接近于无氧阈强度下进行大运动量匀速运动的训练模式，多适用于训练水平高、训练年限较长的优秀耐力项目运动员。渐增负荷方式是指从80%无氧阈强度逐步递增到无氧阈强度的大运动量训练模式，它对一般运动员和高水平耐力运动员都适用。变速负荷方式是指间歇性地进行无氧阈强度运动和低强度运动的大运动量训练模式，对低水平运动员、非耐力性项目运动员以及高水平耐力性项目运动员均适用。中等强度有氧运动的训练主要作用是提高心肺功能、氧的转运能力以及运动肌利用氧的能力，因此较适合于运动爱好者和专业运动员。

（2）一次大运动量训练课的训练量

要确定一次大运动量训练课的训练量，首先就要了解在无氧阈强度上的能量代谢变化和恢复速度。在达到无氧阈时，人体的呼吸熵基本在 0.9～1.0 范围内，因此在用无氧阈强度进行运动时，糖供能占主要地位，而脂肪和蛋白质参与部分供能。研究表明，在无氧阈强度下，体内糖储备的大部分会在 80～90min 左右耗尽，且随着运动时间的延长，脂肪和蛋白质的供能增加。而被消耗的能量物质的恢复速度会因消耗的程度而发生变化。其中，当进行力竭性运动后糖的恢复最快也需要 48h，而蛋白质消耗后的恢复比的糖原需要更多的时间。

因此，若以不产生过度疲劳为前提完成无氧阈训练总量最大化，40～60min 的无氧阈训练是比较合适的。而低强度课因为脂肪消耗大且糖供能减少，因此可以维持更长的运动时间，但训练效率不如无氧阈训练。

（3）有效提高或维持有氧能力的大运动量训练的持续天数

对于一般人群来说，只要坚持从事耐力运动，就会获得相应的训练效果。但对于专业运动员来说并非如此。文献资料和实践经验表明：若要通过无氧阈强度训练获得显著的训练效果，每周 5 次，每次训练时间 40～60min，持续时间在 6 周以上的训练模式是较为合理的训练方法。若要维持目前获得的训练效果，每周进行 3 次，每次训练时间为 40min 的无氧阈训练是较为合理的训练方法。

2. 大强度训练

无氧阈以下的训练强度虽然有助于与耐力项目相关的一些机能的明显改善，但在实际比赛中，很多项目的比赛速度要远高于无氧阈水平。因此，运动员必须具备适应比赛要求的神经、肌肉及心肺功能。虽然通过 80%～100% 无氧阈强度训练可以促使心脏和肌肉向耐力型发展，但只有当训练强度高于无氧阈强度，才能产生提高这些项目的专项比赛能力的直接效应。另外，研究证明，大强度训练也可以提高无氧阈水平。

（1）间歇性大强度训练的训练方法

间歇性大强度训练作为提高运动能力的有效方法，已广泛应用于各类体育项目。在耐力项目的大强度训练强度，一般是指超过无氧阈以上的训练强度。根据运动员训练水平的不同，大强度训练强度有很大的差别。其中最大摄氧量强度作为可以调动全身有氧能力的临界强度，常在耐力项目的大强度训练中被采用。间歇性最大摄氧量强度训练的主要作用是通过改善肌肉末梢组织的状况，提高运动员肌肉的最大有氧代谢水平以及消除乳酸的能力，并让运动员适应比赛时的内环境变化，最终使运动员的专项比赛能力得到提高。

最大摄氧量强度课的训练一般有两种方式：一种是采用 100% 最大摄氧量强度，以最大摄氧量速度持续时间的 60%～80% 进行的间歇性训练；另一种是间歇性递增运动，其起始负荷可以为无氧阈强度，之后以 5% 的递增幅度递增，当达到最大摄氧量强度时，再维持 3～5min。以上两种方式的间歇时间均以能够高质量地完成下一组训练为准，一般情况下运动员心率恢复到 120bpm 即进行下一组的训练。

（2）一次最大摄氧量强度课的训练量

优秀运动员在最大摄氧量强度上能够维持的最长时间约为 7～8min。采用间歇性训练的目的就是为了保证大强度训练的量的最大化，且不发生身体损伤。为了既保证训练质量，又不发生身体损伤，采用一次性力竭运动维持时间的 2～3 倍是比较适宜的。即一次最大摄氧量强度训练的总量应在 12～24min 左右。

（3）最大摄氧量强度训练课一周的训练次数

由于过多的大强度训练会引起心肌炎等副作用，因此，在一次大强度训练课后应有较为充足的恢复时间。大强度训练引起的肌肉微损伤、能量消耗以及神经疲劳大约需要 48h 以上的恢复时间。因此最大摄氧量强度课一周安排 2～3 次是比较适合的。

（4）间歇期的强度和时间

间歇的目的是为了运动员有一定的恢复，以利于高质量地完成下一组的训练。在用 50% 左右的最大摄氧量强度运动时，运动员的心率在 120bpm 左右。研究表明，在 50% 最大摄氧量强度时，乳酸的消除速度和心肌疲劳恢复速度最快。

因此，在间歇期采用 50% 左右的最大摄氧量强度无疑是比较合适的。而心率在 120bpm 左右时，是运动员发挥最佳运动能力的底线。

（5）有效提高运动能力的最大摄氧量强度训练的持续天数

从文献来看，一般均采用 3 周左右的持续时间。其理由为：3 周的大强度训练基本都能获得良好的训练效果，而训练 4 周后往往会出现过度疲劳现象。从实践经验来看，每周进行 3 次的最大摄氧量强度训练，在训练第 3 周运动员开始出现头痛、失眠等现象，但未发生过度疲劳现象。因此，最大摄氧量强度训练的持续天数在 3 周左右可能比较理想。

二、提高局部肌肉耐力的训练方法

表 4-2 列举了局部肌肉力量训练中的强度、最大重复运动次数及主要效果的关系。可以看出，若以提高局部肌肉耐力为目的，应采用 70%1RM（最大重复次数）以下的强度。

表 4-2　局部肌肉力量训练中的强度、最大重复运动次数及主要效果的关系

%1RM	最大重复次数（RM）	主要效果	效果产生原因
100	1	引起肌肉力量增加，但不引起肌肉量的增加	引起神经系统的适应
95	2		
93	3		
90	4		
87	5		
85	6		
83	7	通过引起肌肉的肥大，使肌肉力量相应的增加	引起肌肉中的蛋白质代谢的适应
80	8		
77	9		
75	10		
70	11		
67	12	慢肌选择性发展，肌肉耐力增强	引起肌肉中的线粒体、毛细血管、肌纤维等向有利于有氧代谢的方向发展
65 以下	>15		

为了最大程度地利用好有限的时间达到最佳的训练目的，局部肌肉耐力训练往往采用循环练习。循环练习是指将全身运动和只在局部承受负荷的运动有机组合起来进行的训练形式。因此，通过它可以实现全身耐力和局部耐力同时得到锻炼的目的。这种训练方法特别适合于球类和格斗等间歇性大强度项目，以及要求高强度持续能力的游泳、滑冰、自行车、划船等竞技项目。

在以提高肌肉耐力为目的进行循环练习时，循环练习一般由8～12个项目组成。其中，每个项目的负荷采用能够持续20次以上的重量进行，组间无间歇地重复进行3组，总时间一般控制在30min以内。在选择组合项目时，要注意不能在身体的同一部位连续进行，并要刺激全身的主要肌肉。

如，根据项目实际需求设定8～12项训练内容，将每项运动时间设定为30～45s，每项之间间歇15～30s，重复进行3组（见表4-3）。

表4-3　以提高肌肉耐力为目的循环练习示例

徒手循环练习	一般项目杠铃循环练习 （10～20kg）	力量项目杠铃循环练习 （男性20kg，女性10kg）
① 俯卧撑	① 深蹲起	① 半挺举
② 蹲起	② 杠铃弯举	② 引体向上
③ 收腹练习	③ 收腹练习	③ 腹肌收缩练习
④ 体前屈练习	④ 深蹲跳	④ 下蹲挺举
⑤ 立卧撑	⑤ 体前屈练习	⑤ 升降台阶运动
⑥ 冲刺	⑥ 站立式推举	⑥ 转体练习
⑦ 跳马和马下穿越	⑦ 冲刺	⑦ 高抓举
⑧ 体侧屈	⑧ 两头起	⑧ 绳索跳跃
	⑨ 屈臂提拉练习	
	⑩ 箭步挺举	

注：引自运动生理学的基础知识（日本株式会社山海棠，2004）

三、突破耐力运动员成绩瓶颈的训练方法

前文讲述了耐力的基本训练理念和方法，但若仅仅局限于此，在经历一段时间后（几个月或几年，因训练年限的不同而出现差异），运动员的成绩开始增长缓慢，甚至停滞。出现瓶颈的原因有很多方面，归纳起来有以下几种：（1）长期同一姿势的训练造成动作节省化引起的部分参与比赛的肌肉训练不足；（2）支撑力量和力量传导环节薄弱；（3）运动员散热能力不足；（4）心肺功能及耐乳酸能力的不足。

（一）通过解决部分参与比赛的肌肉训练不足问题提高成绩

无氧阈强度等低于比赛强度的平地长距离训练的最大弊端在于无法使所有参与比赛的肌肉都得到充分锻炼，且随着无氧阈强度上的量的积累形成节省化，使参与比赛肌肉的动用比例进一步降低。而大强度训练虽然可以使所有参与比赛的肌肉得到锻炼，但由于大量的高强度训练会引起心肌炎、交感神经疲劳等症状，因此即使间歇性地进行，也无法实现

很大的运动量,无法从根本上解决部分参与比赛的肌肉的训练量不足问题。

人体动用的肌肉群主要是由要求的动作姿态和运动强度决定的。人体不可能长时间进行高强度的运动,而通过改变动作姿态来增加部分参与比赛的肌肉训练量不足的问题是非常具有可行性的解决方案。也就是说,在总负荷不变的情况下,增加局部肌肉的负荷既可以得到提高平时不易动用的参与比赛的肌肉的训练效果,又可以防止运动员的心肌疲劳和神经疲劳。以中长跑运动项目为例,具体的解决方法主要包括三种方式:一是在丘陵等有坡度的地方进行无氧阈强度训练;二是用功率自行车(较大阻力)进行大腿和臀部大肌群充分参与的中低强度训练;三是借助力量器械进行大腿和臀部大肌群充分参与的力量耐力训练。

需要特别强调的是,以上方法均应采用中低负荷大运动量的方式才能解决部分参与比赛的肌肉的训练量不足问题。如果采用大强度训练方式,虽然也有可能解决部分其他问题,但与平地专项练习相比并无多少优势可言,甚至有可能因不需要的肌肉得到过度锻炼而引起体重过大、技术变形等负面作用。

(二)通过解决支撑力量和力量传导环节薄弱来提高成绩

高强度的动作经济性是影响运动员成绩的重要因素。而支撑力量和力量传导环节与动作经济性有着十分密切的关系。支撑力量及力量传导环节的薄弱主要源于各关节周围肌肉的薄弱以及核心力量的不足。因此着力解决这些薄弱环节将有助于运动员动作经济性的提高。

如在中长跑项目中,可采用双腿和单腿跳跃、障碍跳跃、低落地跳起、双足跳围栏等超等长训练提高支撑力量;通过垫上或健身球上的支撑性练习,提高对腰-髋部位起稳定性作用的腹横肌,多裂肌,内斜肌,深横脊肌群、腹膈肌,进而提高力量传导效率等。当然,这种训练不会使成绩迅速提高,但随着训练的日积月累,效果会逐步显现。

(三)通过解决运动员散热能力问题提高成绩

在高水平体能类项目比赛中,优异的散热能力是运动员获得优异成绩的重要保证。大部分运动员的成绩由于散热能力较差,在高温、高湿环境下会有大幅度下降。在运动过程中,发汗是人体散热的主要途径。发汗能力虽有先天性因素,但通过后天有效的适应性训练,也可以有大幅度的提高。

通过对运动员发汗量进行的研究报告表明,在炎热环境下,每天进行100min的运动,从第5天起,发汗量几乎就没有什么变化。也就是说,人体可以通过5天这种热适应练习,就能够大大增强发汗能力。这提示我们,对于因散热能力差的运动员,仅通过5~7天完成短期暑热训练(即每天进行1h左右的高温暴露,或1h左右的高温下的低负荷训练),就能够因散热能力增强而使运动能力提高。耐力项目运动员完全可以利用通过这种方式获得的散热能力的提高(运动能力的提高),在常温环境中进一步提高训练强度。当然在热环境中应注意营养补充,主要包括:

1. 在热环境下,糖的消耗增多,因此要特别注意主食的充分补充;
2. 在热环境下,会因大量丢失水分而引起体重下降,而体重下降2%会引起有氧能力降低,体重丢失4%会引起无氧能力的降低。因此,无论在训练和比赛的间歇期中,都应尽可能地补充运动饮料。补充饮料的原则应是少量多次。

3.大量地出汗，会引起体内铁的丢失。因此，在热环境中训练时，应适当地补铁。

4.由于糖原的大量消耗会间接促使内环境酸化，因此，平时应多食用水果、蔬菜等碱性物质以及钙、维生素等微量元素及电解质胶囊。

（四）通过高原训练解决心肺功能及耐乳酸能力的不足问题

在同一环境下，由于动物的适应本能，各方面的能力挖掘是有极限的，尤其是心肺功能及耐乳酸能力。但是，如果环境突然发生了变化，人就会为适应新环境而有所改变。根据我们长期的研究和实践经验，发现高原训练对提高长跑运动员心肺功能及耐乳酸能力还是非常有帮助的。在平原经过系统训练后，在机能和运动能力良好的前提下，进行3～4周大强度高原训练，是快速提高长跑运动员心肺功能及耐乳酸能力的良好手段。

总结复习

1.耐力是指持续运动的能力。根据运动项目的不同，耐力可分为：运动时间长且持续进行的中低强度的耐力（如马拉松、铁人三项等项目的耐力）；运动时间短但持续进行的中高强度的耐力（如中短距离跑、划船、游泳等项目的耐力）；高强度运动和低强度运动不断反复进行的间歇性高强度耐力（如网球、足球等项目的耐力）。

2.影响耐力的主要因素有：最大有氧供能能力；动作经济合理性；乳酸分解能力；耐乳酸能力。

3.提高全身耐力的方法有：① 大运动量训练法。大运动量训练的运动方式主要包括低强度有氧运动和中等强度有氧运动。② 大强度训练法。

4.提高局部肌肉耐力的方法有：循环练习。

学习实践

小组学习实践

1.选择自己喜欢或熟悉的体育项目，设计、演示提高全身耐力的训练方案。

2.选择自己喜欢或熟悉的体育项目，设计、演示提高全身耐力的训练方案。

推荐阅读

阅读材料
关于耐力水平的判断方法

一、最大有氧供能能力的判断方法

判断最大有氧供能能力的最好指标是最大摄氧量，最大摄氧量越大，说明其最大有氧供能能力越大。但不能简单地把最大摄氧量的大小与耐力运动项目的运动成绩等同起来，特别是在考察一流运动员时，应与有氧能力的其他指标一起综合判断。

另外，最大摄氧量虽不是决定耐力性运动项目成绩的唯一因素，但却是必要因素。其遗传度约在50%～90%的范围内，而通过训练可改变的最大摄氧量约在20%～30%。因此，最大摄氧量可以作为耐力性运动项目选材的一个重要指标。另外，部分球类运动员需要良好的速度和耐力，因此，并非最大摄氧量越大越好，它有一个适宜的范围。表4-4是在对部分项目运动员的最大有氧供能能力进行评价或选材时的参照数据。

表4-4 运动员最大有氧供能能力评价或选材参考数据

项目	性别	摄氧量
世界一流长跑马拉松运动员	女子	相对摄氧量在65ml/（kg/min）以上
	男子	相对摄氧量在75ml/（kg/min）以上
世界一流划船运动员	女子	绝对摄氧量在4000ml/min以上
	男子	绝对摄氧量在5000ml/min以上
球类一流运动员	女子	相对摄氧量在50～60ml/（kg/min）之间
	男子	相对摄氧量在55～65ml/（kg/min）之间

最大摄氧量的测定方法分直接测试法和间接测试法。

直接测试法是通过进行力竭性运动，用气体分析仪直接测得通气量（VE）、吸气时的氧浓度（FIO_2）和呼气时氧浓度（FEO_2），再用公式：$VO_{2max}=VE×(FIO_2-FEO_2)$获得最大摄氧量的方法。直接测试法的测值准确，但需要精密的仪器，且负荷大、耗时长。

间接测试法是通过极限或亚极限运动，用摄氧量与心率、负荷功率在一定范围内的直线关系推测最大摄氧量的方法。间接测试法设备简单，但误差大。

二、动作经济合理性的判断方法

最大摄氧量速度是评价运动员经济合理地运用能量的能力的重要指标。最大摄氧量速度指渐增负荷中最大摄氧量出现时的速度或功率。在最大摄氧量相同的情况下，最大摄氧量速度越大，说明其合理运用能量的能力也就越强。最大摄氧量速度的改变程度反映了动作经济性的改善程度。而在同一运动队中，最大摄氧量速度的大小排序靠前，且与自身在最大摄氧量的排名相比靠前的，说明动作经济合理性较好。

最大摄氧量速度的直接测试方法与最大摄氧量的测试方法相近，不同点是最大摄氧量采用摄氧量的最大值，最大摄氧量速度采用最大摄氧量最初出现时的速度或功率（注：其最大摄氧量虽然上升但幅度已非常小的开始点）。间接测试法与间接测试最大摄氧量的方法基本相同，可把推定最大摄氧量出现时的速度定为最大摄氧量速度。也有人只用跑台进行测试，把被测者主观认为已达到力竭时的速度定为最大摄氧量速度。用间接测试法测试出的最大摄氧量速度并不能确定为真正的最初的最大摄氧量出现时的速度，只能作为近似值来考虑。

三、乳酸产生速度及乳酸分解能力的判断方法

在判定乳酸产生速度及乳酸分解能力时，最常用的指标是无氧阈。无氧阈是指随着运动强度的增大而开始发生乳酸积累、二氧化碳排出量和通气量激增的临界点。此时的摄氧量称为无氧阈摄氧量，此时的速度称为无氧阈速度。在无氧阈速度的大小排序中靠前，且与自身在无氧阈摄氧量的排名相比靠前的，说明其乳酸的产生速度慢或乳酸的分解能力强。一流的中长跑选手与一般的中长跑选手相比，具有更高的无氧阈速度。一般人在长时间的耐力训练后，相对于训练前，无氧阈速度会提高。无氧阈速度的改变反映乳酸分解能力的改善程度。

现在对无氧阈名称议论很多，如乳酸无氧阈（Lactate Threshold, LT）、通气性无氧阈（Ventilatory Threshold, VT）、心率无氧阈（Heart Rate Threshold, HRT）；疲劳性无氧阈（Electromyogram Fatigue Threshold, EMGFT）等。其中，随着运动强度的增大，血乳酸值急剧

上升的开始点为乳酸无氧阈。它直观地反映了血中乳酸的变化，但受肌肉中乳酸的扩散率、消却率等因素的影响，有时不能准确地反映肌肉乳酸激增的临界负荷功率，可重复性也稍差。从通气动态看到的 VE，VCO_2 等指标发生激增的临界点为通气性无氧阈。它能准确地反映肌肉乳酸激增的临界负荷功率，可重复性也非常好，但判断时会掺进主观因素，需要丰富的经验。

心率开始脱离与运动强度的直线关系，斜率变小的临界点为心率无氧阈。它需要的设备和方法都非常简单，但出现率仅为80%左右，又由于心率容易受外界环境的影响，所以心率无氧阈的可重复性较差。肌电图的积分值的增加率开始上升的临界强度为疲劳性无氧阈。它需要的设备比较昂贵，操作也比较复杂，先行研究相对较少，但其优点也非常明显：被测者的运动负荷非常小，而且可根据不同运动项目的特点进行有针对性的测试。

四、耐乳酸能力的判断方法

最大摄氧量速度持续时间是判断耐乳酸能力的一个重要指标。最大摄氧量速度持续时间是指被测者在最大摄氧量速度上能维持的最长时间。能够维持自身最大摄氧量速度的时间越长，说明其耐乳酸能力越强。一般运动员的最大摄氧量速度持续时间约在5～8min左右，优秀耐力项目运动员的最大摄氧量速度持续时间约7～8min左右。研究表明，最大摄氧量速度越快，且最大摄氧量速度持续时间越长，其1500m以上距离的比赛成绩越好。而在同一最大摄氧量和最大摄氧量速度下，运动员维持的时间越长，说明其目前的耐乳酸能力和高速运动稳定性越强。最大摄氧量速度持续时间的改变程度，反映耐乳酸能力和高速运动稳定性的改善程度。

五、相对有氧训练水平的判断方法

判定相对有氧训练水平的主要指标是无氧阈摄氧量与最大摄氧量的比值和无氧阈速度与最大摄氧量速度比值。无氧阈摄氧量和最大摄氧量的比值的大小排序中，越是靠前，说明相对自身的先天素质而言，其有氧训练水平越高。优秀耐力运动员的 $ATVO_2/VO_{2max}$ 值基本在80%～90%之间。低于80%说明有氧训练水平不足，而高于90%可能意味着速度能力的降低。

另外，在无氧阈速度与最大摄氧量速度比值的大小排序中，越是靠前，说明其最大摄氧量速度发展空间越大。优秀耐力运动员的 v_{ATVO_2}/vVO_{2max} 值基本在80%～90%之间。最大摄氧量速度高或无氧阈速度低，v_{ATVO_2}/vVO_{2max} 低于80%，意味着其缺乏长距离有氧能力训练；而无氧阈速度高或最大摄氧量速度低，v_{ATVO_2}/vVO_{2max} 高于90%，则说明缺乏高强度有氧能力训练。

第五章　体能训练计划设计

第一节　体能需求分析

体能教练应怎样开始为会员制定训练计划？

体能教练在制定体能训练计划时需要做哪些工作？

体能需求分析是体能教练要做的第一步工作，需求分析分两部分，第一部分是项目的需求和特点评价；第二部分是对运动员的评估。

一、运动项目的专项性分析

需求分析的第一步是确定项目的独特性，这些信息有助于体能教练针对项目特点的需求来制定针对性的训练计划，这个工作的进行可以有多种方式，但最少要考虑以下4个方面。

（1）身体和肢体的运动模式以及参与的肌肉群（运动力学分析）。
（2）在力量、爆发力、肌肉体积以及肌肉耐力等因素中哪个更为优先（生理学分析）。

（3）常见的肌肉、关节损伤部位以及形成因素（运动损伤分析）。

（4）其他评价，包括速度、灵敏、和柔韧等素质的评估。

举例来说，对于铅球运动项目进行的运动分析显示，铅球运动是一项全身性运动，动作的开始是运动员以半蹲状态站立，许多关节处于屈和内收状态，投铅球后的结束动作人体处于站立伸展姿态，许多关节处于伸和外展状态，运动中主要涉及的肌肉有（无顺序）：肱三头肌、三角肌、股四头肌、臀肌、大腿后群肌、比目鱼肌和腓肠肌。从生理角度来看，铅球运动需要肌肉的最大力量和爆发力，另外，健硕的肌肉也是有利因素，因为健硕的肌肉表明肌肉横断面较大，较大的肌肉横断面可以产生更大的力量。对于伤病分析来说，运动医学界提供的报告认为铅球运动员肩关节、肘关节周围的肌肉和韧带容易损伤，所以对该区域的关节活动度和肌肉力量的储备，应作为防伤病的主要手段。

二、运动员的评估

运动需求分析的第二项是对运动员进行诊断，明确运动员的具体需求，并且确立训练目标。此项工作是通过评价运动员训练状态、对运动员进行一系列测试，确定基本训练目标等过程来实现的。评估过程越是具体化，体能训练计划对每个运动员的针对性就越强。

1. 评价运动员的训练状态

训练状态是运动员的当前的训练情况，或者说，运动员是否准备好进行一个新的训练计划，还是依旧使用原有的训练计划。所以在制定训练计划时必须要考虑运动员的训练状况。对运动员训练状态的评估应包括运动员的训练背景和训练历史、运动医学专家对运动员伤病状态的诊断、包括新伤和老伤等，看其是否会影响到运动员的训练。了解运动员的训练状态将有助于体能教练员更准确地把握运动员的训练能力。运动员的训练背景评估都包括以下5个方面。

（1）训练的类型，如心肺功能的训练、拉长收缩训练、抗阻力量训练等。

（2）运动员的具体类型。

（3）从事训练的年限。

（4）先前训练的强度水平。

（5）训练技术经验（如抗阻训练中正确练习方法的掌握并分等级等）。

2. 专项素质测试

运动员的身体素质评价包括运动员的力量、柔韧、爆发力、速度、肌肉耐力、身体成分、心肺功能等方面的评估。

以力量训练为例来说，为了获得可靠的相关数据，必须对运动员进行准备的肌肉力量测试，以便能评价其几大关节的肌力水平，包括屈伸比、左右侧肌肉力量对比、肌肉耐力水平和爆发力水平等。另外测试时也应该选择一些与专项运动相关、与运动员水平相符合的测试方法。并根据测试结果制定专项体能训练计划。同时针对不同项目的运动员的心肺功能训练计划，在训练方式、训练频率、训练强度上都有很大的差异，最好的计划是既能发展运动员的长处，又能弥补其不足的训练计划。在设计这种计划时，必须要清楚限制心肺功能的有氧、无氧因素，包括最大摄氧能力、乳酸阈等，同时，在设计训练计划时，也要考虑运动方式、训练频率、训练强度、训练持续时间以及对训练的监控等因素。

测试结束以后，应将测试结果与正常值或者参考值进行比较，以发现运动员的长处和不足。然后根据测试的评价结果，设计出针对弥补运动员不足、保持运动员长处、或者进一步发展身体各项能力的计划，以满足专项运动的需求。

3.确定基本训练目标

一般体能训练的基本目标都包括肌肉力量训练目标、心肺功能训练目标、其他基础身体素质等素质的目标。其中力量训练又可分为全身或局部的最大力量训练目标、快速肌肉耐力训练目标。心肺功能的训练目标可分为有氧能力训练目标、无氧能力训练目标。其他基础身体素质包括灵敏性、速度、协调性、柔韧性等身体素质的训练目标。以上所有的训练目标的制定都要依靠具体的测试来完成，通过测试来审定目前对运动员的体能训练计划的安排是否有效、是否对该名运动员的个性化体能训练有效果。

综合本目所述，可以图5-1概括反映体能需求分析的诸多方面。

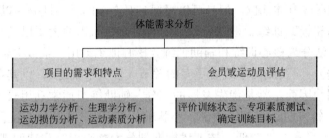

图5-1 体能分析图

小组学习实践

组内讨论：为一名优秀的足球运动员设计体能训练计划前，需要从哪几个方面对该队员进行诊断来判断他的体能需求。

第二节 体能训练计划制定

一、抗阻训练计划的制定

抗阻力量训练是一个复杂的过程，需要进行以下七个步骤来完成计划的制定。

1.分析需求

抗阻训练的需求分析要从运动项目的评价、运动员身体素质的分析、当前训练状态分析、明确抗阻训练目的等几个方面来分析需求。运动项目的评价要从以下几个方面来考虑：运动生物力学方面，身体和肢体的运动模式以及参与的肌肉群；运动生理学方面，在力量、爆发力、肌肉体积以及肌肉耐力等诸项因素中哪个更优先的分析；运动损伤分析，常见的肌肉、关节损伤部位以及形成因素的分析。运动员身体素质的分析包括以下几个方面：要对运动员进行诊断，明确运动员的具体需求，并且确立训练目标。此项工作是通过评价运动员训练状态、对运动员进行一系列测试，确定基本训练目标等过程来实现的。评估过程越是具体化，体能训练计划对每个运动员的针对性就越强。明确抗阻训练的主要目的是要通过分析运动员的测试结果，以及运动员在赛季中的训练侧重点来分析的。一般来说，抗阻训练目的是增加力量、爆发力、促进肌肉肥大和肌肉耐力。尽管有时需要在两个方面都要得到加强（例如力量和肌肉耐力），但赛季中每个时期应该努力使训练目的集中在一个方面。

2. 选择运动方式

运动方式的选择就是选择运动员在一项抗阻训练中的练习项目，而且还会受到专门性原则、运动需要的时间、运动器材和运动员的训练经验的影响。考虑到这些问题之后，体能教练在运动的特点和类型基础上选择运动方式。尽管抗阻训练的方法有成千上万，涉及了身体基本的肌肉群或身体部位，但是可以根据其对专项的重要性分为以下几类。

（1）核心训练和辅助训练。根据所动用的肌肉横截面积的大小以及与专项运动的相关性，可以将练习方法分为核心训练和辅助训练。核心训练动用一组或多组大块肌肉（如胸、肩、背、髋、大腿），涉及到两个或者更多的关节（多关节训练），以其在专项运动中起着基本、直接的作用，因而常常是优先发展的部分。辅助练习通常动用较少的肌肉（如肱二头肌、肱三头肌、斜方肌、腹部、颈部、小腿前后部等），涉及一个主要关节（单关节训练），对提高专项水平重要性较低。按上述标准划分为核心训练和辅助训练时，肩部关节、脊柱会被看作一个基本关节（例如腹背肌的屈伸训练）。

因为辅助练习涉及一个特殊肌肉或者一组肌肉群，常常被用于防止损伤的训练中，或者是康复训练中。由于专项运动技术特点而注定损伤的肌肉（如上手投掷动作易损伤肩关节的旋外肌群）和那些伤后准备康复的肌肉群，都可以采用辅助练习来训练。

（2）结构和爆发力训练。强调脊柱直接负重（深蹲）或间接负重（高翻）的核心练习可叫做结构练习。更具体一点来讲，结构练习涉及到举重动作过程中身体姿势的稳定（例如，在深蹲训练中要保持躯干的紧张和腰背的平直）。以爆发式或较快速度进行的结构练习叫做爆发力训练。需要注意的一点，爆发力训练通常是与专项运动结合得很紧密的。

（3）抗阻训练的专项性和其他注意事项。体能教练要确定运动项目的专项的独特要求和特点，在抗阻训练中着重针对某一项的训练，应该在肢体和身体运动模式上，关节活动范围上以及在所动用的肌肉上与专项运动相似，同时训练中要考虑肌肉系统的平衡，以减少由于肌肉发展不平衡造成的损伤。为满足专项需求所选择的训练方法也要考虑髋关节的肌肉力量平衡和拮抗肌（例如肱二头肌和肱三头肌互为拮抗肌）之间的平衡，避免因为抗阻训练而引起主动肌和拮抗肌之间的不平衡所造成的损伤。一旦出现这种不平衡，就必须纠正这种不平衡的训练方法。

3. 制定训练频率

训练频率是指单位时间内完成训练课的次数。在抗阻训练中，这个单位往往规定为一周。体能教练在决定训练频率的时候主要应考虑如下几个问题：运动员的训练状态，所处的赛季或者训练周期，计划中的训练负荷，训练类型以及本周期中其他的训练内容。

4. 制定练习顺序

练习顺序是指一次抗阻训练课中，安排各种练习内容的顺序。虽然有多种安排顺序的方法，但是最终主要是依据各种训练之间的相互影响来决定的。一般情况，顺序的安排要达到这样的一个目的，那就是使每一组练习都能有最大的力量和最完善的技术来完成。以下内容是四种最常用的安排训练顺序的方法。

（1）先安排爆发力练习，再安排其他核心练习，最后再安排其他辅助练习。爆发力练习，如抓举、高翻、上举等，应该安排在最先练习，之后应该是非爆发式的核心练习，最后是辅助练习。如果没有安排爆发力训练，那么顺序就是先核心练习，再辅助练习。

（2）上身和下肢交替练习。这是一种能增加运动员练习恢复水平的安排方法，这种安排对于初学者尤为有益。当训练时间不充裕时，这种安排既可以减少练习的组间间隔时间，又能最大限度地保证肌肉得到休息，这样安排可以节约训练时间。而且如果多种练习按这样连续地安排进行，几乎没有间歇，就是循环练习。

（3）推、拉交替练习。这是另一种改善运动员练习中组间恢复水平的方法。推的练习如卧推、推肩、伸肘等，拉的练习如坐位下拉、快速提拉等。这种推、拉交替的安排保证了同一组肌肉不进行连续两组的练习，这样就会减少肌肉的疲劳。

（4）超级组和组合组。安排训练的方法还包括将两种练习安排在一组进行，两组练习之间没有间隙时间，做完一种接着做另一种练习的方法。最常见的就是超级组和组合组。超级组是指同组进行的两种练习动用的肌肉是相互拮抗的。组合组是指同组进行的两种练习动用的肌肉是同一组肌肉。这样两种练习的刺激组合在一起，作用于同一组肌肉，既节省了时间，也有意加大了练习的刺激强度，因而对于无训练或训练状况不佳的运动员不太适合。注意，有时候超级组和组合组的含义是可以互换的。

5. 训练负荷和重复次数

负荷是指一组练习使用的重量，通常被认为是抗阻训练中最重要的参数。而且负荷和重复次数是负相关的关系，负荷越大，重复次数就越少。因而，当训练目标确立以后，负荷和重复次数也就基本确定了（例如，当训练目标是增加肌肉力量时，就要选择大负荷，低重复次数的训练安排）。在训练中表达负荷的方式是一次重复的最大力量（1RM）的百分数（一次重复的最大重量是指以合理的技术能举起一次的最大重量，也就是最大力量），或者是能重复制定次数的最大重量（nRM）。例如，一个队员能以60kg的负荷深蹲10次，他深蹲10RM就是60kg。最大力量（1RM）和多次重复最大力量（nRM）之间的关系详见表5-1。

表5-1　1RM和nRM之间关系表

最大力量（1RM）和多次重复最大力量（nRM）之间的关系			
%1RM	最大重复次数	%1RM	最大重复次数
100	1	80	8
95	2	77	9
93	3	75	10
90	4	70	11
87	5	67	12
85	6	65	15
83	7		

6. 训练量安排

训练量是指一次训练课举起的总负荷；计算训练量的方法是将组数乘以重复次数再乘以每次重复练习的负荷。例如，2组10次重复、负荷为60kg的训练量为2×10×60=1200kg（如果各组练习的负荷不一样，那么先计算每组的训练量，再将各组的训练量相加得到总训练量）。

抗阻训练训练量的安排方法，有人提出以8～12次/每组重复达到力竭的训练来提高肌肉力量、增加肌肉体积。也有人提出通过每次课每种训练来训练一组的方法能够提高最大力量。对于训练无素的人来说，单组训练可能是合适的提高力量的方法；对于刚开始训练的人来说，在前几个月进行此项训练可以提高力量水平。但许多研究指出，要得到进一步的力量增加，特别是达到中、高级的运动员，必须提高训练量才能达到目的。另外，肌肉骨骼系统最终会适应单组练习达到力竭的刺激，需要进行多组练习来增加刺激，使肌肉力量持续增长。有人提出，10次/组、进行3组的训练，每组练习并不达到力竭，这样的训练会比进行1组，每次达到力竭的练习更能增加肌肉力量。因此，从一开始就进行多组训练的运动员会比进行单组训练的运动员力量提高更快。需要注意的是，在进行100%nRM负荷时（例如以10RM的负荷进行10次重复训练），并不是每次课、每组训练都能完成计划规定的重复次数，在每次训练的后面几组可能会达不到所要求的重复次数。

运动员的训练状态直接影响到他们能够提高的训练量。对于刚开始训练的运动员应该安排每种训练进行1～2组，然后随着训练水平的提高逐步增加组数以提高训练量。在明确运动员的训练状态以后，还要根据训练目的来设计训练量。

抗阻训练的主要目的分为肌肉力量增长（最大力量和爆发力）、肌纤维增粗和肌肉耐力增长三个方面。见表5-2.

- 肌肉力量增长：核心训练，≤6次，3～6组；辅助训练，≥8次，1～3组。
- 肌纤维增粗：每组采用中高等次数，3～6组，所以训练量较大。
- 肌肉耐力增长：每组重复次数较多（例如大于12次/组）。

表5-2　根据训练目的设计训练量

训练目标	重复次数	组数*
力量增长	≤6	2～6
爆发力**		
一次用力项目	1～2	3～5
多次用力项目	3～5	3～5
肌纤维增粗	6～12	3～6
肌肉耐力增长	≥12	2～3

注：*这种组数安排不包括准备活动在内，而只针对核心练习。
　　**这种重复次数的安排与重复次数和%1RM关系是不符的，一般来说选用80%1Rm，重复2～5次。

7. 制定合理间歇时间

多组相同运动之间的休息时间称为间歇时间，间歇时间与训练目标高度相关，与训练的负荷、运动员的训练状态相关。

间歇时间与训练负荷是密切相关的，负荷越重，所需要的间歇时间就越长。

例如以提高肌肉力量为目的的4RM训练所需要的间歇时间要长些。虽然训练目标与间歇时间存在一定的关系（例如，肌肉最大力量的训练需要较长的间歇时间），但并不是抗阻训练中的每一种训练都要求一致的间歇时间。体能教练一定要根据训练的负荷以及动用的肌群来安排间歇时间。例如，辅助练习以提高力量为目的时，需要的负荷可能是12RM（如肩侧举练习），它所需的间歇时间为1min；而核心训练以提高力量为目的时需要的负荷为4RM（例如卧推），他所需要的间歇时间为4min。详细分类见表5-3。

表5-3 训练目标与所需的间歇时间

训练目标*	间歇时间/min（未注者）
力量增长	2～5min
爆发力	
一次用力项目	2～5min
多次用力项目	2～5min
肌纤维增粗	30s～1.5min
肌肉耐力增长	≤30s

注：*有时候辅助练习的负荷超出了训练目标的范围，这时候体能教练应根据实际练习的负荷来确定时间，不能简单地套用该表的数据。

（1）力量训练和爆发力训练的间歇时间。有些教练员为了更好地提高运动员能力，会有意缩短间歇时间，但需要注意的是与动员在进行最大负荷或接近最大负荷训练时（特别是下肢训练），一定要保证较长的间歇时间。罗宾逊发现在深蹲训练中间歇3min的训练效果好过30s的训练。爆发力和力量训练中的间歇时间至少应该是2min，或在2～5min之间。

（2）肌纤维增粗训练的间歇时间。旨在增加肌肉体积的力量训练中，经常采用较短或中等长度的间歇时间。有学者认为旨在肌纤维增粗的训练中间歇时间要短，要在上一组训练尚未完全恢复之前开始下一组训练。尽管如此，那些包含大肌群的训练能量消耗大，间歇时间应特别考虑（如增加间歇时间等）。关于旨在增加肌肉体积的训练中的间歇时间有多种建议，小于1.5min、30s～1min、30s～1.5min。

（3）肌肉耐力训练中的间歇时间。肌肉耐力训练的间歇时间很短，常常有意设计要短于30s，当负荷较轻、重复次数较多时，间歇时间应该要短。这种类型的训练往往要求与专项紧密结合，以提高专项动作的肌肉耐力。肌肉耐力训练中常采用的循环训练法是要求间歇时间要短的训练方法，常常在转换练习时限定时间不能超过30s。

二、无氧能力训练计划的制定

无氧能力（Anaerobic Capacity，AC）是指运动中人体通过无氧代谢途径提供ATP的极限能力。检测人体无氧能力对于科学地分析与评价机体无氧做功能力和效率，检测训练效果等具有重要意义。评价运动项目的供能特点（磷酸原供能、糖酵解供能、间歇性无氧代谢能力供能）。

1. 分析需求

不同运动项目能量代谢的规律和特点都不同，如何根据运动时的功能规律和特点选择合理的训练方法以提高其代谢能力是科学体能训练的关键。不同的专项体能素质，其训练方法和要求均不同。

从供能形式来看它包含两方面的内容，即磷酸原代谢和糖酵解代谢。但从运动形式来看，又分3方面内容，即，运动时间为几秒的、以磷酸原代谢为主的无氧运动；运动时间为30s～3min的、以糖酵解代谢为主的无氧运动；运动时间为几秒的、中间穿插着一定休息时间或低强度运动的间歇性无氧运动。

2. 提高无氧代谢能力的训练方法

（1）磷酸原代谢能力的训练。磷酸原（ATP、CP）供能的输出功率最大，所以由磷酸原供能时，速度、力量是最大的。发展磷酸原供能能力的训练中，主要采用无氧—低乳酸的训练方法。原则有3个。

① 最大速度或最大力量练习，时间不超过10s。

② 每次练习的间歇时间不低于30s，根据运动员的训练水平间歇时间可选范围是0.5～1.5min。

③ 成组练习后，组间间歇时间不能短于2～3min，通常在4～5min。

总之，提高速度素质，需要发展磷酸原供能能力的训练，要求运动强度达到最大，运动时间持续在10s以内，间歇时间不少于30s。

（2）糖酵解代谢能力的训练。无氧耐力素质取决于无氧代谢能力。由于磷酸原的供能时间短，无氧耐力就主要依靠糖酵解供能。要改善无氧耐力水平，首先必须提高糖酵解能力。提高糖酵解供能能力的训练，目前常采用最高乳酸训练法和乳酸耐受力训练法两种方法。

① 最高乳酸训练法　乳酸是糖酵解的最终产物。运动中乳酸生成量就越大，说明糖酵解供能的比例越大，无氧耐力素质越好，所以最高乳酸训练的目的是使糖酵解供能能力达到最高水平，以提高最大强度运动1～2min运动项目的运动能力。如能进一步提高乳酸生成能力，就可刺激机体产生更强的抗酸、耐酸能力，提高机体耐疲劳的能力。

最高乳酸训练通常采用间歇训练法。常采用1～2min大强度运动、间歇时间为3～5min的间歇训练法。在训练中，可以调整间歇时间和运动与休息的比例来提高乳酸生成量。以400m跑为例，生成乳酸的最大能力和机体对它耐受力与运动成绩直接相关。研究认为，血乳酸在12～20mmol/L是最大无氧代谢训练的敏感范围，要达到这个目标，采用一次1min左右的超量负荷是可以实现的，但完成的训练量太小。为了实现超负荷训练，在训练课中不需重复多次。霍曼森让5名运动员在进行持续1min超量强度跑，间歇时间为4min，跑5次后，血乳酸浓度达到32mmol/L。这一结果说明，1min左右的超量强度间歇运动，可以使身体获得最大的乳酸刺激，是提高最大乳酸能力的有效训练方法。需要注意的是，有时运动负荷虽然相同，由于间歇时间不同会造成不同的训练效果。为了掌握适宜的强度和间歇时间，在训练课中应经常进行血乳酸测试。

② 乳酸耐受力训练法　不同训练水平的运动员对乳酸有不同的耐受力。乳酸耐受力提高时，机体不易疲劳，运动能力也随之提高。有研究报道，当乳酸耐受力提高时，游泳项目的运动成绩也会随之提高。因此，耐受力训练对中跑和100m、200m游泳运动员尤其有效。

乳酸耐受力训练通常采用超量负荷的方法。在第一次训练后使血乳酸达到较高水平，目前认为以12mmol/L的血乳酸浓度为宜，然后保持在这一水平上，使机体在训练中忍受较长时间的刺激，从而产生生理上的适应和提高耐受力。在训练中可以采用1～1.5min运动、4～5min休息的多次重复的间歇训练法。1min的运动可使血乳酸达到12mmol/L左右，休息4～5min，血乳酸有一定的转移，再进行下一次训练，使血乳酸又回升到12mmol/L左右。运动重复进行，血乳酸保持在较高水平，使机体适应这种刺激，体液和组织的碱储备增多，对酸的缓冲能力增大，从而提高乳酸耐受力。如果强度过大，休息时间过短，间歇休息中体力的恢复少，在2～3次运动后血乳酸下降，运动能力也随之下降。

三、有氧能力训练计划的制定

有氧能力（Aerobic Capacity，AC）是指单位时间内氧被运输到活动肌肉而被肌肉所利用的能力。耐力型运动项目选手的运动成绩，受到个体的种种因素（形态及生理性的要因）的影响。特别是以下6种因素的影响。

① 运动时的摄氧能力（心输出量×动静脉氧差）。
② 体重中肌肉（或脂肪）所占的比例。
③ 竞技中动用的主要慢肌纤维所占的比例。
④ 骨骼肌内的毛细血管密度及氧化酶活性。
⑤ 肌糖原含量的多少等。
⑥ 运动中的能量运用效率等。

有氧能力是指①、②、③、④、⑤的总称，即单位时间内，氧被运输到活动肌肉而被肌肉所利用的能力。监测人体有氧能力对于科学地分析与评价机体有氧做功能力和效率，检测训练效果等具有重要意义。

1. 有氧能力的生理学适应和相关因素

（1）有氧训练后身体产生的适应。在有氧训练中，身体通过改变生理系统的过程来产生适应的，如表5-4所示。重复有氧运动的全部适应就是使身体更加有效，使得在每种水平的活动中，所有器官所作的努力就会减少。

表5-4　有氧训练后身体的适应情况

有氧训练后身体的适应	
指标	反应
最大摄氧量	升高
安静心率	下降
运动心率（次，最大）	下降
最大心率	不变或少量下降
动静脉氧差	升高
每搏输出量	升高
心输出量	升高
收缩血压	不变或少量上升
肌肉的氧化能力	升高

（2）影响有氧能力的主要因素。在设计有氧能力训练时必须要清楚影响有氧能力的相关因素，这样可以在制定有氧能力训练计划时最大限度地减少不利的适应以及疲劳、过度训练等发生。影响有氧能力的主要因素如下。

① 最大有氧能力。随着运动持续时间的延长，机体越来越多地依赖有氧代谢功能，因而运动员高水平的最大有氧能力是获得优异成绩所必须的。有许多研究都证实了最大有氧能力与有氧耐力项目成绩相关，因而有氧耐力训练计划要能够发展运动员的最大有氧能力。虽然最大有氧能力对耐力项目非常重要，但其他一些包括乳酸阈、运动经济性、能源利用方式、肌纤维类型等在内的因素对于耐力项目的成绩也同样重要。

② 乳酸阈值。在最大有氧能力相近的运动员中，最好的运动员是那些在以很高水平进行有氧供能的同时乳酸没有明显堆积的人。对于这种现象一般常用乳酸阈来表达，乳酸阈是指乳酸水平达到一定浓度后开始明显上升时的运动速度或最大摄氧量的百分比。

③ 运动的经济性。在规定的速度下进行运动的能量消耗值叫做运动的经济性。运动经济性较高的运动员在规定的速度的运动中能量消耗值较低。许多研究认为运动经济性是跑步项目中取得优异成绩的主要因素。对于跑步项目运动经济性较好的运动员步幅稍小，频率较高。运动技术对运动经济性的影响最大，当运动员运动技术改变后，规定速度下的能量需求减小。提高运动经济性的训练对有氧耐力运动员至关重要。

④ 能源利用方式。以高强度进行长时间的运动需要大量的能量供应。在运动强度超过70%最大摄氧量水平时，供能的能源就以糖即碳水化合物为主了，但优秀的耐力项目运动员在规定强度运动中脂肪供能的比例稍大，这种脂肪利用能力的提高是训练适应的一个方面，其有利之处在于节约肌糖原和肝糖原。在长时间运动中，糖原充分与否与运动能力密切相关，在持续时间超过60min的运动中，运动期间补糖可以改善运动成绩。合理的耐力训练可以提高脂肪的利用率，节约肌糖原和肝糖原，从而使有氧耐力项目的运动成绩得以提高。

⑤ 肌纤维类型特点。众多研究发现优秀耐力运动员以Ⅰ型肌纤维为主，经过耐力训练后的肌纤维的有氧能力提高。虽然尚未发现训练可以改变肌纤维的类型的现象，但训练可以改变肌纤维代谢特点已被许多研究发现。有氧耐力训练可以改变肌纤维的代谢特征，改善有氧供能能力，从而提高有氧耐力运动项目的成绩。

2. 在专门性原则上设计有氧能力训练计划

抗阻训练中的专门性原则也可以应用到有氧耐力训练中。专门性原则说的是：训练结果将会直接与训练类型相关。抗阻训练的结果针对抗阻训练，而有氧训练的结果将会针对有氧训练。换句话说，抗阻训练不能显著提高最大有氧功率（最大摄氧量）。另外，包含一种有氧运动形式的训练不能保证与另一种不同的有氧运动形式取得相同的结果。例如，一名运动员通过自行车运动而获得了高水平的有氧能力，那么这个人在跑步运动中未必具有相同有氧的能力（通过最大摄氧量来表示）。不同的运动形式中的肌肉收缩方式和氧气需要量不同，所以产生的反应和适应也不相同。尽管一项运动形式所带来的摄氧量增加将会有助于其他运动形式，但程度却不一样。

3. 选择适当的有氧运动方式

运动的方式指运动员特定的运动形式，例如，自行车、游泳、跑步等。训练中的运动方式与专项越接近越好，这样的训练可以对相关的生理系统起到加强作用，既动员了肌纤维,又使肌纤维中的能量供应等都在训练中加强。特别要注意的一点是,训练的方式与专项越接近,训练的效果就越好。

4. 根据运动员训练状况、所处周期、恢复需要等安排有氧能力训练频率

每天或者每周的训练课次叫做训练频率。训练频率应依据训练的强度,练习持续时间,运动员的训练状态和所处的训练周期等因素来决定。如果练习强度较高,训练持续时间较长,那么训练频率就应该较低,以保证运动员的恢复。运动员的训练状态也是影响训练频率的重要因素,训练水平较低的运动员在开始执行训练计划时需要有较长的恢复时间。所处训练周期也是决定训练频率的重要因素,基本每周可以训练5天,但在赛前期可以每周训练7天。另外要保持已获得的训练水平和生理状态所需的训练频率较低,而提高训练水平和生理机能所需的训练频率较高。但是,过高的训练频率可能会引起损伤、过度训练,而过低的训练频率可能引起训练效果差或没有效果。

大运动量训练课后的恢复水平会最直接影响下一次训练课能否取得良好的训练效果。大运动量训练课后或大运动量训练期后经过休息,运动成绩会得到改善。在恢复期间,最重要的是休息,使能源得到补充、水得到补充。运动训练中有大量的体液丢失,所以运动后补水是必须的,如果训练的强度和练习持续时间都较长,那么肌糖原都有排空的可能,因而补糖也是必须的。

5. 安排训练持续时间和强度(要注意训练时间和强度的相互关系)

练习持续时间指训练课的持续时间。练习持续时间通常受到练习强度的制约,练习时间越长,强度就越低。例如,运动强度超过最大乳酸稳态时,练习持续时间较短(20～30min),因为乳酸在肌肉中的积累会引起疲劳,相反,强度低于最大乳酸稳态的练习可持续数小时才产生疲劳。

训练引起机体产生适应的关键是训练的强度和练习时间的相互作用。训练强度越高,练习持续时间就越短。训练引发的适应主要是针对训练强度的,具有强度特异性。高强度有氧耐力训练可以改善心血管和呼吸系统的功能,使工作肌的氧供得到改善。提高运动强度还可以通过影响肌纤维动员来使骨骼肌发生适应性变化。随着运动强度的增加,Ⅱ型肌纤维的动员会增加以满足较高的输出功率的需求,这样可以使Ⅱ型肌纤维的有氧代谢能力得到提高,进而提高有氧运动能力。

6. 结合适当的热身、放松和渐进式原则制定训练计划

无论运动员采用哪种训练方式,都应该在训练中加入适当的热身和放松过程。热身的目的是增加肌肉的血流量,逐渐增加心率以减少氧债,为神经系统的活动做准备,提高肌肉的核心温度,使血液中的氧气更多地流向肌肉。适当的热身运动应该由小而简单的动作逐渐向大而复杂的动作递进。放松过程与热身恰恰相反,由复杂向简单逐渐过渡,使心率降低并达到较低的稳态水平。并且在放松后还应加入伸展性的拉伸活动。

7. 使用不同类型的有氧能力训练计划

有氧能力的训练计划有许多种,每种计划都有不同的训练频率、练习持续时间及强度参数,每一种类型的计划都是对四种变量的有机重组。不同类型的有氧耐力训练计划及操作要点详见表5-5。

表5-5　不同类型的有氧耐力训练计划及操作要点

训练类型	训练频率（周）	训练持续时间	强度
持续慢速训练（LSD）	1～2	≥比赛距离（30～120min）	70%最大摄氧量强度
节奏训练	1～2	20～30min	乳酸阈或略高于乳酸阈
间歇训练	1～2	3～5min（运动：休息=1：1）	接近最大摄氧量
重复训练	1	30～90s（运动：休息=1：5）	大于最大摄氧量
法特莱克法	1	20～60min	在LAD与节奏训练之间变化

（1）持续慢速训练（LSD）。这种训练的强度大约相当于70%最大摄氧量强度（80%最大心率），练习的距离或者时间应该比比赛的长，或者训练时间持续在30min～2h之间。这种训练强度和持续时间是典型的"谈话"训练，即在练习过程中可以谈话而没有跑的呼吸急促，这种训练的生理效应主要体现在心血管功能和体温调节功能的加强，线粒体供能能力和骨骼肌氧化能力的改善，以及脂肪利用的增加。这些变化有助于乳酸的清除，从而提高了乳酸阈值的强度，脂肪利用的增加有助于糖原的节省。这种训练中的强度低于比赛强度，如果过多地进行此类训练可能引起不利的效应。另外，由于这种练习的强度较低，不能募集比赛中需要的动员的肌纤维，这样引起的肌肉适应与比赛不符。马拉松运动员LSD训练举例如表5-6所示。

表5-6　马拉松运动员LSD训练举例

星期一	星期二	星期三	星期四	星期五	星期六	星期日
45min 法特莱克	60min LSD跑	45min 间歇跑	60min 比赛速度上坡和平地	45min 重复跑	120min LSD跑	休息

注：*频率：两次LSD训练分别安排在周二和周六，是出于防止过度训练考虑，使其他训练课通过LSD训练更好地恢复。

*持续时间：由于比赛距离为42.195公里，对于有训练的运动员应该使每次课的训练量达到42.195公里，起码在两次课中有一次达到。

*强度：为了完成较长距离，强度必须比赛强度低，不需要对呼吸产生过大刺激。

（2）节奏训练。节奏训练采用比赛强度或略高于比赛强度，大于等于乳酸阈强度，因而又叫做乳酸阈训练，或者叫做有氧-无氧间歇训练。有两种节奏训练的方式：一种为稳态训练；另一种为间歇节奏训练。稳态节奏训练是以乳酸阈强度进行持续20～30min的运动，这种训练的特殊目的在于是运动员适应这种专门的强度，改善有氧-无氧供能能力。间歇节奏训练的强度为乳酸阈强度，但在一次训练中，有多次间歇。在节奏训练中要尽量避免运动员超过规定的强度。如果运动员觉得轻松，宁可加长距离而不能增加强度。此项训练的基本目的是加强比赛的节奏感，提高机体在比赛时募集肌纤维的能力，产生良好的肌肉适应，另外，这种训练可以提高运动的经济性和乳酸阈值。表5-7所示是一个节奏训练案例。

表5-7 50公里自行车运动员的节奏训练举例

星期一	星期二	星期三	星期四	星期五	星期六	星期日
60min LSD跑	30min 节奏骑行	45min 法特莱克骑行	45min 放松骑行	30min 节奏骑行	90min LSD跑	休息

注：*频率：由于节奏训练刺激强度强大，应分开时间安排，有利于恢复。

*持续时间：稳态节奏训练的距离或时间要比比赛短，便于提高强度。

*强度：在节奏训练中，训练强度要高于比赛，对呼吸系统构成刺激。

（3）间歇训练。间歇训练的训练强度接近100%最大摄氧量强度，练习持续时间为3～5min，有些最短的间歇训练中，运动时间可以是30s，间歇时间与运动时间相等，也是3～5min，保持运动与休息比为1：1。间歇训练可以使运动员以高速度完成较大量的训练，如果以持续的运动形式是不可能完成间歇训练所要达到的强度和量的要求的。运动员应先有一定的有氧训练基础和体能基础，才能开展间歇训练。间歇训练对机体的刺激极大，不宜安排太密。间歇训练的主要生理学效益在于提高最大摄氧量，加强无氧代谢能力。表5-8所示就是间歇训练举例。

表5-8 1万米跑运动员的间歇训练举例

星期一	星期二	星期三	星期四	星期五	星期六	星期日
以比赛速度进行10×500米间歇跑，运动：间歇=1：1	10km 轻松跑	45min LSD跑	以比赛速度进行5×1000m间歇跑，运动：间歇=1：1	45min LSD跑	45min 法特莱克跑	休息

注：*频率：间歇训练对肌体刺激大，应安排足够的课间间隔时间，以便于恢复。

*持续时间：随着运动员训练水平的提高，一次课的总量应接近比赛距离。

*强度：间歇训练的强度应接近100%最大摄氧量强度。

（4）重复训练。重复训练的训练强度要大于最大摄氧量强度，持续时间为30～90s，由于依赖无氧代谢，两组间需要更长的恢复时间，间歇时间大约4～6倍于运动时间，以使运动与休息的比例为1：5，重复训练可以提高跑速、运动经济性以及增强无氧代谢的耐受力；另外，对有氧耐力跑的最后冲刺阶段也较为有利。

（5）法特莱克训练法。法特莱克训练法是以上几种方法的组合练习。虽然人们总是把法特莱克训练与跑步联系在一起，实际上这种训练法也可用于自行车、游泳等。法特莱克跑将轻松跑（70%最大摄氧量强度）与短时间上坡跑或短时冲刺（85%～90%最大摄氧量强度）组合在一起，在自行车和游泳训练中，可将LSD训练、节奏训练、间歇训练等组合在一起，形成法特莱克训练法。该种训练方法对机体的所有系统都有刺激作用，而且有助于减少日常训练的乏味、单调。其主要训练效益在于提高最大摄氧量、增高乳酸阈，改善跑步的运动经济性和能量供应模式。大学生越野跑运动员法特莱克训练举例如表5-9所示。

表5-9　大学生越野跑运动员法特莱克训练举例

星期一	星期二	星期三	星期四	星期五	星期六	星期日
60min LSD跑	45min 法特莱克跑，在上坡、平地上进行	25min 节奏跑	45min LSD跑	25min LSD跑	比赛	休息或慢跑

注：*频率：法特莱克跑对运动员刺激极大，一周只安排一次。

*持续时间：随着运动员训练水平的提高，总训练量应接近比赛距离。

*强度：在法特莱克跑的快跑阶段，强度应接近最大摄氧量强度。

 学习实践

小组学习实践

1. 组内讨论：

抗阻训练的七大步骤。两种无氧供能方式的供能特点。几种不同的无氧能力训练方法。影响有氧能力的主要因素。了解几种不同的有氧能力训练方法。

2. 组内实践：

并为一名初学者制定一份肌纤维增粗的抗阻训练计划。为一名休假归队的运动员设计一种有氧能力训练计划。

参考文献

[1] Thomas R.Baechle，Roger W.Earle. 体能训练指导. 国家体育科技与运动训练科学化最新成果丛书，2007.
[2] 田麦久著. 运动训练学. 北京：高等教育出版社，2006.
[3] Vern Gambetta. Athletic Development. Human Kinetics，2006.
[4] JC Santana. The Essence of Program Design. IHP，2004.
[5] Lee E.Brown. Train for Speed Agility and Quickness. Human Kinetics，2005.
[6] 田麦久等著. 运动员基础训练过程与训练计划的制定. 北京：体育大学出版社，2006.
[7] 张英波编. 现代体能训练. 北京：体育大学出版社，2007.
[8] 阿诺德.G.纳尔逊等著. 牵伸解剖指南. 北京：体育大学出版社，2008.
[9] 陈方灿. 运动拉伸实用手册. 北京：体育大学出版社，2008.
[10] 全美篮球体能教练员协会编. NBA体能训练. 北京：人民体育出版社，2004.